Sick — »Bruder Konrad«

Carsten Sick (*1973) hat an der Universität des Saarlandes Philosophie und Germanistik studiert. Aktuell leitet er den Besucherdienst der Stiftung Bundeskanzler-Adenauer-Haus in Rhöndorf. Zuletzt von ihm erschienen *Hans Globke (1898–1973). Eine bundesdeutsche Nachkriegskarriere?*

Carsten Sick

»Bruder Konrad«

Konrad Adenauers Aufenthalt in Maria Laach 1933–1934

Mit einem Nachwort
von Dorothea und Wolfgang Koch

Königshausen & Neumann

Bibliografische Information der Deutschen Nationalbibliothek

Die Deutsche Nationalbibliothek verzeichnet diese Publikation in der Deutschen Nationalbibliografie; detaillierte bibliografische Daten sind im Internet über http://dnb.d-nb.de abrufbar.

Gedruckt auf säurefreiem, alterungsbeständigem Papier
Umschlag: skh-softics / coverart
Umschlagabbildung: © Bildarchiv Stiftung Bundeskanzler-Adenauer-Haus (StBKAH)

Printed in Germany

ISBN 978-3-8260-7329-8

www.koenigshausen-neumann.de

www.ebook.de
www.buchhandel.de
www.buchkatalog.de

»Bruder Konrad«

Mir imponiert noch heute die Voraussicht und der Mut, mit denen Adenauer die Stadt [Köln] in Schulden gestürzt hat. Was bedeuten schon ein paar lächerliche Millionen angesichts einer kühnen städtebaulichen Konzeption.

Adolf Hitler[1]

1 Aus der Erinnerung Alberts Speers. In: Speer, Albert: Spandauer Tagebücher. Frankfurt/M, Berlin, Wien 1975, S. 213.

Benediktinerabtei Maria Laach in der Eifel

Zum Geleit

Wann immer ich Besucher durch die ehemaligen Privatgemächer von Konrad Adenauer in Rhöndorf begleite, zeigt sich regelmäßig ein besonderes Interesse, wenn die Sprache auf Adenauers Aufenthalt in Maria Laach in den Jahren 1933–1934 kommt: Augen und Ohren werden größer, Köpfe neigen sich zur Seite, und alle rücken etwas dichter zusammen. Für die kommenden zehn bis fünfzehn Minuten ist mir jetzt die Aufmerksamkeit der Zuhörer gewiss.

Am 29. Mai 2019 eröffnet Jürgen Rüttgers (Ministerpräsident von Nordrhein-Westfalen a. D.) mit einer Rede vor ausgewähltem Publikum feierlich die Ausstellung »Glaube und Politik – Konrad Adenauer und die Abtei Maria Laach« im Laacher Klosterforum. Die Ausstellung zieht in der Folge viele tausend Besucher aus aller Herren Länder in ihren Bann.

Was aber fasziniert die Menschen so sehr gerade an diesem speziellen Ausschnitt aus der Vita des Gründungskanzlers? Warum interessiert gerade dieses so kleine und im Grunde genommen ereignisarme Zeitfenster aus dem ansonsten doch überbordenden Lebenslauf Adenauers die Menschen so besonders? Ist es Sensationslust auch in der Rückschau? Immerhin: Der »König von Köln« wurde binnen weniger Tage durch die Nationalsozialisten von seinem Sockel gestoßen. Er musste sich unauffällig hinter die Mauern einer Benediktinerabtei in der Eifel zurückziehen. In der Folge stellt sich aber sogleich die Frage: Wie reagiert der eifrige Vollblutpolitiker, wenn man ihn aus seinem vertrauten Wirkungskreis entfernt? Was wird aus dem Familienmensch Konrad Adenauer, wenn man ihn isoliert und von seinen Angehörigen trennt? Wird in der Abgeschiedenheit des Klosters ein vollkommen anderer, womöglich ein bis dato unbekannter Adenauer zum Vorschein treten?

Schließlich lehrt uns die Evolutionsgeschichte, dass sich isolierte Lebewesen auf kleinen Inseln vollkommen anders entwickeln können als ihre artverwandten Populationen auf dem Festland. Lernen wir auf der »Insel« Maria Laach eventuell einen neuen Adenauer kennen? Und nimmt Adenauer von dort Eindrücke und Erfahrungen mit in seinen zweiten großen Lebens- und Karriereabschnitt? Mit anderen Worten: Hinterlässt Maria Laach Spuren in Leben und Politik des späteren Bundeskanzlers?

Ja und nein, wie das Kapitel »Der andere Adenauer« zeigen wird.

Aber werfen wir zunächst einen Blick auf den Ort der Verbannung: Maria Laach, Adenauers zauberhaftes Exil in der Eifel. Dieser Ort strahlt eine Schönheit und Erhabenheit aus, die für sich alleine spricht, die eigentlich keiner gesonderten Erläuterung bedarf. Das wird jeder vorbehaltlos bestätigen, der Gelegenheit hatte, die Klosteranlage und die herrliche Laacher Landschaft mit eigenen Augen zu betrachten. Es ist ein ganz besonderer Ort mit großer Ausstrahlungskraft. Dies in Wechselwirkung mit einer singulären und einzigartigen historischen Persönlichkeit garantiert thematische Hochspannung.

Und doch: Es liegen bisher keine Einzelpublikationen entsprechenden Inhalts vor. Das mag herrühren a.) von der dürftigen Quellenüberlieferung aus jener Zeit und b.) von der relativen Kürze des betreffenden Zeitraums, – Biografen schreiben ungern über einige wenige Monate im Leben ihrer »Protagonisten«. Letzteres ist bedauerlich, denn regelmäßig wird hier eine große Chance verpasst. Nicht selten gewährt gerade ein Mikrokosmos, wie Maria Laach ihn in der Vita Adenauers darstellt, einen besonders tiefgehenden Einblick in die Persönlichkeit eines ansonsten eher verschlossenen Menschen. Dass sich mit derlei Momentaufnahmen keine 1000 Buchseiten füllen lassen, versteht sich von selbst. Aber kurze Texte haben etwas für sich: Sie bleiben ohne allzu große Abschweifungen beim Thema und sie belasten den Geldbeutel ihrer Käufer nicht über Gebühr, sind sie doch im Allgemeinen sehr viel günstiger als die »dicken Wälzer«.

In diesem Sinne wünsche ich Ihnen viel Freude und gute Unterhaltung bei der Lektüre des vorliegenden Bandes! Erstmals wird hier Adenauers Aufenthalt in Maria Laach in einer Einzelpublikation vor die entscheidenden historischen und politischen Hintergründe gestellt. Die reichhaltige Bebilderung mit zum Teil seltenem Fotomaterial am Ende jedes Kapitels ergänzt den Text.

Vorgeschichte

Mit der sukzessiven Machtergreifung der Nationalsozialisten im Frühjahr 1933 wird auch die Luft für den regierenden Kölner Oberbürgermeister Konrad Adenauer dünner. Durch seine Weigerung als Präsident des Preußischen Staatsrats[1] der Auflösung des Preußischen Landtags zuzustimmen, hat Adenauer sich offiziell zum politischen Gegner der Nationalsozialisten erklärt. Seine weitere Weigerung, Adolf Hitler bei dessen Wahlkampfbesuch in Köln persönlich am Flughafen zu empfangen, verhärtet die Fronten; fast noch spektakulärer: Adenauers Anordnung, Hakenkreuzflaggen von der Deutzer Brücke zu entfernen, Flaggen, die ohne Absprache angebracht worden waren. »Herr Adenauer mag wissen, dass solche Herausforderungen sich in Zukunft rächen werden«[2], so die Reaktion der Nationalsozialisten. Parolen wie »Adenauer an die Mauer!« werden laut und eine Sonderausgabe des Westdeutschen Beobachters titelt: »Fort mit Adenauer!«[3]

Wenige Tage später bringen die Kommunalwahlen eine Entscheidung zugunsten der NSDAP. Eine unrechtmäßige Festnahme Adenauers steht ernsthaft zu befürchten. Der Polizei- und der Regierungspräsident von Köln versagen ihm jeglichen Beistand. Um sein Leben in dieser Phase des radikalen Umbruchs nicht weiter zu gefährden, verlässt Adenauer Köln und begibt sich nach Berlin, wo ihm in seiner Funktion als Staatsratspräsident eine Dienstwohnung in der Wilhelmstraße zur Verfügung steht. In Berlin ergreift er die Gelegenheit, sich in einem Vieraugengespräch mit Hermann Göring, zu dieser Zeit kommissarischer In-

1 Adenauer war von 1921 bis 1933 Vorsitzender des Preußischen Staatsrats.

2 Westdeutscher Beobachter, 21. Februar 1933.

3 Ebd., 10. März 1933.

nenminister von Preußen, über die ihm widerfahrene Behandlung zu beschweren. Man vermag sich leicht das Ergebnis dieser Intervention vorzustellen.

Adenauer realisiert, dass sein Amt verloren ist, dass ihm Misswirtschaft, Korruption und Landesverrat ernsthaft zum Vorwurf gemacht werden. Daraufhin geht er erneut in die Offensive: Er beschleunigt ein Dienststrafverfahren in eigener Sache, um sich auf rechtmäßigem Weg zu verteidigen. Mit der Einleitung des Verfahrens ist seine vorläufige Enthebung aus dem Dienst der Stadt Köln besiegelt, was zunächst jedoch noch keine offizielle Entlassung bedeutet.

Adenauer gerät nun zunehmend auch in finanzielle Nöte. Sein ihm zustehendes Ruhegehalt ist vorerst nur halbiert worden, der Zugang zu seinen Privatkonten wird ihm jedoch erschwert. In dieser schwierigen Phase erhält er unerwartete Hilfe von einem Freund, dem jüdischen Amerikaner Dannie N. Heineman. Dieser überreicht Adenauer 10 000 Reichsmark in bar und hilft ihm damit über die ersten finanziellen Schwierigkeiten hinweg.

Als wenig später Adenauers Anrecht auf seine Dienstwohnung in Berlin verstreicht, wendet er sich hilfesuchend an einen weiteren Freund, den Abt der Klosterabtei Maria Laach, Ildefons Herwegen:

> *Lieber Herwegen!*
> *Heute komme ich mit einer großen Bitte zu Dir. Von den verschiedensten Seiten, auch von amtlichen Stellen, wird mir dringend abgeraten, schon jetzt nach Köln zurückzukehren, ich sei dort vor Insulten nicht sicher. Andererseits muß ich die Wohnung des Staatsratspräsidenten hier in Berlin, in der ich mich seit dem 13.3. aufhalte, spätestens am 26. d.M. für meinen Nachfolger räumen. Würdest Du mir nun vom 25. oder 26.4. ab*

für 1–2 Monate Aufenthalt in Deinem Kloster gewähren können? Ich hätte dort die Stille, insbesondere auch die geistige Atmosphäre, deren ich zu meiner körperlichen und seelischen Erholung nach dem, was ich habe durchmachen müssen, dringend bedarf, und wäre andererseits nicht zu weit von Köln fort.
Ich habe keine besonderen Bedürfnisse, nur den einen Wunsch nach Stille. Darum möchte ich auch gern die Mahlzeiten auf meinem Zimmer einnehmen. In einem Hotel würde ich nicht die nötige Ruhe, Zurückgezogenheit und geistige Atmosphäre finden. Selbstverständlich würde ich Wert darauf legen, Euch keine Kosten zu machen, und ebenso selbstverständlich ist, dass ich Dir persönlich nicht irgendwie zur Last fallen werde. Ich wäre Dir wirklich von Herzen dankbar, wenn ich kommen könnte, und Du würdest ein gutes Werk an mir tun [...].
Mit herzlichen Grüßen
Dein Adenauer
Für baldige Antwort wäre ich sehr dankbar.[4]

Adenauer und Herwegen kennen sich aus ihrer gemeinsamen Zeit am Kölner Apostelgymnasium, und so verwundert es nicht, dass die Antwort des Abtes wenige Tage später positiv ausfällt.

Bezeichnend für Adenauer ist, dass er sich nicht allzu weit von seiner Heimatstadt Köln entfernt wissen möchte. Von seiner Studienzeit abgesehen hat er die bisherigen 57 Jahre seines Lebens in Köln verbracht. Und noch ist vollkommen unklar, was mit sei-

4 Konrad Adenauer an Ildefons Herwegen, 17. April 1933. In: Adenauer im Dritten Reich. Bearb. von Hans Peter Mensing. Hrsg. von Rudolf Morsey und Hans-Peter Schwarz. Berlin 1991, S. 111.

nem privaten Wohnsitz in der Max-Bruch-Straße geschehen soll. Adenauers Frau Auguste und die vier kleinen Kinder Paul, Lotte, Libet und Georg sind vorerst im Caritas-Haus Hohenlind untergebracht. Sicher befürchtet Adenauer auch, durch eine zu große Distanz wesentliche Kontakte zu einflussreichen Personen der Kölner Bevölkerung zu verlieren. Eine Flucht ins Ausland kommt für ihn zu dieser Zeit noch nicht in Frage.

Um ein bis zwei Monate Aufenthalt bittet Adenauer den Abt in seinem Schreiben. Was beide noch nicht wissen: Es soll ein ganzes Jahr[5] daraus werden.

Ildefons Herwegen, Abt des Klosters Maria Laach

5 26. April 1933 bis 2. Mai 1934. Einschränkend sei gesagt, dass Adenauer sich im Frühjahr 1934 zeitweilig auch in Berlin aufhält.

Unterbringung im Kloster

Am 26. April 1933 trifft Adenauer in Maria Laach ein. Als »Bruder Konrad« wird er in die Klausur der Mönche aufgenommen, also in den Bereich des Klosters, zu dem externe Besucher keinen Zutritt haben. In den Quellen finden sich unterschiedliche Angaben zu Adenauers räumlicher Unterbringung. Sie reichen von der einfachen Mönchszelle über eine umfunktionierte Schreib- und Studierstube bis hin zum ehemaligen Zimmer des Abtes. Bei einer Besichtigung des Klosters ist mir glaubhaft versichert worden, dass Adenauer im »Bischofszimmer« einquartiert worden sei. Es handelt sich um einen Raum, der an Größe und Ausstattung dem des Abtes gleichkommt, auch symmetrisch zu diesem im selben Gebäude auf derselben Etage liegt. Hier werden bis heute die Ehrengäste des Klosters untergebracht. Ob das Zimmer bereits zur Zeit von Adenauers Aufenthalt als »Bischofszimmer« bezeichnet wurde, ist unklar. Auch schließen die unterschiedlichen Funktionszuweisungen einander nicht aus. So mag das Bischofszimmer durchaus einmal das Zimmer des Abtes gewesen sein. Jedenfalls gilt aber festzuhalten: Adenauer wird *nicht* in einer gewöhnlichen Mönchszelle untergebracht.

Im Bischofszimmer nimmt er die Mahlzeiten wunschgemäß allein zu sich. Das ist keine Selbstverständlichkeit, speisen nach Klosterordnung doch alle Insassen zusammen. An Adenauer adressierte Briefe werden in zwei Umschläge verpackt: einen äußeren mit der Klosteranschrift und einen inneren mit Adenauers persönlicher Adresse. Den Gottesdienst verfolgt er unauffällig von einer Orgelempore aus. Er verlässt das Kloster regelmäßig nur durch ein kleines Seitentor, das später nach ihm den Namen

»Adenauerpforte«[1] erhalten soll. Anschließend wandelt er auf wenig frequentierten Pfaden.

Kurzum: Alles scheint auf Geheimhaltung angelegt. Und doch meldet Herwegen Adenauers Ankunft unmittelbar beim rheinländischen Oberpräsidenten, dem NSDAP-Mann Hermann von Lüninck[2] in Koblenz, – dies im völligen Einvernehmen mit Adenauer. Eine Geheimhaltung wäre für alle Beteiligten zu gefährlich, ist Adenauer doch Person eines laufenden Dienststrafverfahrens. Von Lüninck reagiert zunächst schroff. Der Abt habe dem Kloster damit keinen Gefallen getan. Es werde Stellen geben, die ihm das übel vermerken würden.[3] Was eine mögliche Verhaftung Adenauers anbelangt, gibt von Lüninck jedoch vorerst Entwarnung. Die Aufnahme Adenauers im Kloster kommt den Nationalsozialisten letztlich auch nicht ungelegen, werden sie auf diese Art doch einen namhaften politischen Gegner los, ohne ihn inhaftieren oder gar ermorden zu müssen. Letzteres würde in großen Teilen der rheinländischen Bevölkerung einen Sturm der Entrüstung entfacht haben. Viele Menschen verbinden nach wie vor Positives mit dem Namen »Adenauer«. Die Wahrscheinlichkeit einer Ermordung Adenauers bereits zu diesem frühen Zeitpunkt mag man realistisch daran bemessen, dass beispielsweise Wilhelm Spiegel, ein prominenter Vertreter der Kieler Stadtverordnetenversammlung schon in der Nacht vom 11. auf den 12. März 1933 von Nationalsozialisten in seiner Privatwohnung in Kiel erschossen wurde, selbstredend ohne jegliche vorherige Anhörung oder Untersuchung.

Paradoxerweise befindet sich Adenauer aber gerade in Maria Laach auf politisch feindlichem Terrain. Zu Beginn des Dritten

1 S. Umschlagabbildung.

2 Ein Bruder des späteren Widerstandsbeteiligten Ferdinand von Lüninck.

3 Vgl. hierzu die Erinnerungen des Abtes Ildefons Herwegen. In: Severus, Emmanuel von (Hrsg.): Ecclesia Lacensis. Münster 1993, S. 425.

Reiches steht die Mehrheit der Mönche dem Hitler-Regime aufgeschlossen gegenüber. Gleich in den ersten Tagen von Adenauers Aufenthalt findet hier ein Treffen des Katholischen Akademikerverbandes statt, bei dem der referierende Pater, Damasus Winzen, die kirchliche Reichsvorstellung in große Nähe zum Reichsgedanken der Nationalsozialisten stellt. Adenauer berichtet später, er habe in einer der Mönchszellen ein Bild des Reichskanzlers Hitler hängen sehen.[4]

Und selbst Ildefons Herwegen vertritt eine im Grunde rückwärtsgewandte, monarchistische Weltanschauung, die sich mit den vorläufigen Zielen des Führerstaates leicht in Einklang bringen lässt. Zwar erkennt er auch mögliche Gefahren des Nationalsozialismus, er möchte aber bei der Entstehung eines neuen Reiches ungern hintanstehen. Vielleicht muss man seine Position auch politischer zu verstehen suchen: Die Weimarer Republik hat gerade Schiffbruch erlitten, und wenn die vermeintliche Alternative zum Nationalsozialismus der Kommunismus ist, dann muss der verantwortungsbewusste Abt eines katholischen Klosters zunächst weitreichende Eingeständnisse machen, um dieser Richtung entgegenzuwirken. Die katholische Zentrumspartei jedenfalls hat sich im Zuge der zurückliegenden Kommunalwahlen nicht ausdrücklich von den Sozialdemokraten distanziert, und Herwegen wittert hier bereits das bolschewistische Schreckgespenst. Es ist folgerichtig, wenn er vom Zentrum abrückt.

Der Pragmatiker Adenauer weiß sich zu arrangieren: Mit einigen Mönchen pflegt er schon bald einen freundschaftlichen Kontakt. Allen voran sei hier der Gastvater Johannes Vollmar er-

4 Vgl. hierzu Albert, Marcel: Die Benediktinerabtei Maria Laach und der Nationalsozialismus. Paderborn, München, Wien, Zürich 2004, S. 40.

wähnt. Er ist ein Bruder von Dr. Joseph Vollmar, einem Bonner Zahnarzt, der später mehrfach ins Kloster bestellt wird, um Adenauers Zahnschmerzen zu behandeln. Noch später, im Jahr 1944, wird Joseph Vollmar Adenauer Unterschlupf gewähren, als dieser aus dem »Arbeitserziehungslager« Köln-Messe fliehen muss. Neben Johannes Vollmar ist es in Maria Laach vor allem Herwegen selbst, zu dem Adenauer regelmäßig Kontakt sucht. So leeren die beiden nicht selten eine gemeinsame Flasche Wein auf dem Bischofszimmer.

Dabei ist die wirtschaftliche Lage des Klosters zur Zeit von Adenauers Aufenthalt schwierig. Zwar haben Herwegen und seine zwei Vorgänger im Amt, Willibrord Benzler und Fidelis von Stotzingen, dem Kloster zu einigem Ruhm und Einkommen verholfen, dennoch hat Maria Laach im Jahr 1933 Schulden von ca. einer Million Reichsmark. Hinzu kommt eine finanzielle Katastrophe: Anton Brüning, der Direktor der Deutschen Bank in Köln, ist soeben unter dem Vorwurf des Betrugs verhaftet worden. Das Kloster hat ihm die nicht geringe Summe von 400 000 Reichsmark anvertraut. Dieses wie das Geld weiterer Geschädigter ist zur Unterschlagung ins Ausland verschoben worden.[5] Und auch Adenauer hat Brüning laut eigener Aussage 20 000 Reichsmark gegeben, um eine Beteiligung an den Kölner Spritzgusswerken zu erwerben. Von diesem Geschäft sowie vom Verbleib des Geldes will die Deutsche Bank nach Brünings Verhaftung nichts mehr wissen. Und bereits in der Vergangenheit hat Adenauer ungute Erfahrungen mit Brüning gemacht. So investierte er 1928 privat in die Aktien einer amerikanischen Glanzstofffirma, auch auf Anraten Brünings. Die Aktien verloren rasant an Wert, und Adenau-

5 Vgl. hierzu Albert, S. 17–20.

er büßte einen Großteil seines Vermögens ein.[6] Nun kann man sagen: »persönliches Pech!«, und auch im Fall der 20 000 Reichsmark spricht Adenauer selbst nur unter der vorsichtigen Verwendung des Adjektivs »anscheinend«[7] von Betrug. Im Fall Maria Laach allerdings liegt nachweislich ein Betrugsfall vor. Die Bank muss den Schaden letztlich auch beheben. Dennoch bleibt die finanzielle Lage des Klosters heikel. Das jedoch tut dem relativen Komfort von Adenauers Aufenthalt keinen Abbruch. Er bleibt im Bischofszimmer einquartiert, und Vater Vollmar ist weiterhin bemüht, allen Wünschen seines prominenten Gastes gerecht zu werden.

Adenauers Schreibtisch in Maria Laach

6 Vgl. hierzu Freundschaft in schwerer Zeit. Die Briefe Konrad Adenauers an Dora Pferdmenges 1933–1949. Bearb. von Hans Peter Mensing und Ursula Raths. Bonn 2007, S. 157.

7 Vgl. hierzu Konrad Adenauer an Dora Pferdmenges, 4. Mai 1933. In: Freundschaft in schwerer Zeit, S. 51.

Adenauers Tagesablauf

Adenauers Wohnstube liegt nahe beim Leseraum des Klosters. Hier finden sich die gängigen Tageszeitungen, allerdings nicht immer tagesaktuell, da die Zeitungen nicht selten mit ein bis zwei Tagen Verspätung in die Auslage kommen. Der informationssüchtige Adenauer nimmt es bedauernd zur Kenntnis, ist aber dankbar für jede Nachricht von außen.

Auf seinem Zimmer hört er ab und an klassische Musik auf einem Grammophon. Zudem hat er Zugriff auf die herrliche Klosterbibliothek, die zum damaligen Zeitpunkt etwas 170 000 Bände umfasst. Da die Ausleihe auf einem Leihkartensystem basiert, und Adenauers Karte nach wie vor existiert, ist sein Leseverhalten in Maria Laach gut dokumentiert. Es sind dort verzeichnet u. a. allgemeine Werke über Religion und deutsche Geschichte, eine Werkausgabe Henrik Ibsens, ein Buch über Adenauers liebsten Maler Rembrandt sowie die nicht unwichtige Beschäftigung mit seinem Hausautoren Carl Hilty. Das Werk des Schweizer Moraltheologen Hilty (1833–1909) ist mitprägend für eine ganze Reihe von Wertvorstellungen Konrad Adenauers: Freiheit und Würde jedes einzelnen Menschen, Achtung der Prinzipien des Christentums, Kampfansage an den Materialismus, – um nur einige zu nennen. Nicht unwichtig ist auch die Lektüre der beiden päpstlichen Enzykliken »Rerum Novarum« und »Quadragesimo Anno«, in denen Adenauer ein verwertbares Sozialprogramm für die moderne Gesellschaft zu entdecken meint. Adenauers prägendste Lektüre in Maria Laach dürften allerdings die Werke Arthur Schopenhauers gewesen sein. Schopenhauers bekannt pessimistische Weltsicht bestätigt Adenauer in dieser krisenhaften Phase seines Lebens in vielerlei Hinsicht in den eigenen Ansichten, auch in denen von der Natur des Menschen. Womöglich ist der deutsche Philosoph nicht ganz unschuldig am Hervortreten eines Wesenszuges, der dem späteren Bundeskanzler des Öfteren als menschenverachtend ausgelegt werden wird.

Regelmäßig verlässt Adenauer die Abtei durch die »Adenauerpforte« und begibt sich auf Wanderschaft in der näheren Umgebung. Dabei zeigt er sich immer tief beeindruckt von der einzigartigen Schönheit der Laacher Landschaft: Der Klostergarten, der Waldfriedhof, der nahe gelegene See, die umgebenden Wälder, – das alles im Einklang mit der geistig-kontemplativen Atmosphäre des Klosters scheint geeignet, ihn den wahren Grund seines Aufenthalts vergessen zu machen, wie folgende Briefzeilen an Dora Pferdmenges[1] zeigen:

> […] *die Stille und Einsamkeit hier, die ganze geistige Atmosphäre – eine Atmosphäre von Religiosität und Frömmigkeit, Natur, Kunst und Wissenschaft – tut mir sehr gut; ich fühle das deutlich. Ich liebe auch die Einsamkeit und die Stille an sich. Wenn man nicht von dem getrennt wäre, was einem teuer ist, und wenn nicht die Sorge für die Zukunft wäre, könnte man zufrieden sein.*[2]

Auf Adenauers Vorliebe für Momente der Einsamkeit werden wir noch zu sprechen kommen. Mit einer reinen Kontemplation allerdings gibt Adenauer sich keinesfalls zufrieden. Emsig schreibt er Briefe, knüpft Kontakte vor allem im Zusammenhang mit seinem Dienststrafverfahren. Akribisch bereitet er sich auf seine bevor-

1 Die Ehefrau des Bankiers Robert Pferdmenges, eines engen Freundes und Beraters Konrad Adenauers.

2 Konrad Adenauer an Dora Pferdmenges, 4. Mai 1933. In: Freundschaft in schwerer Zeit, S. 52.

stehende Verteidigung vor. Über Dritte versucht er, nationalsozialistische Größen wie Göring, Grohé[3] und Grauert[4] für seine Sache zu gewinnen. Eine regelrechte Jobsuche beginnt. Wenigstens empfiehlt er sich mehreren einflussreichen Persönlichkeiten aus der Wirtschaft. Er versendet nachweislich 40 Briefe aus Maria Laach. Und das sind nur die inzwischen veröffentlichten Schreiben. Die tatsächliche Zahl dürfte um ein Vielfaches höher liegen. Zahlreiche Besucher heißt Adenauer in Maria Laach willkommen. Dabei kommen durchaus politische Themen zur Sprache, – von innerer Emigration also nicht die Spur. Im Rahmen seiner Möglichkeiten versucht Adenauer, Einfluss zu nehmen auf den weiteren Verlauf der Geschichte. Er ist auch nicht der Mann, der seine Geschicke, und die seiner Familie, passiv in die Hände Gottes legen würde. Gelegentliche Versicherungen, er lerne in Maria Laach, sich nicht so sehr auf sich selbst zu verlassen, sondern Gott zu vertrauen,[5] muss man nicht allzu ernst nehmen.

3 Josef Grohé, NSDAP-Gauleiter von Köln-Aachen.

4 Ludwig Grauert, Staatssekretär im Preußischen Innenministerium.

5 Konrad Adenauer an Dora Pferdmenges, 27. Juli 1933. In: Freundschaft in schwerer Zeit, S. 75. Vgl. ebd. S. 60 und S. 78f.

Konrad Adenauer in Maria Laach 1933

Besucher

Emmanuel von Severus[1] berichtet, Adenauer habe durch den Oberpräsidenten der Rheinprovinz, Hermann von Lüninck, zur Auflage bekommen, während seines Aufenthalts in Maria Laach keine Besucher zu empfangen.[2] Gesetzt den Fall, dass von Severus sich richtig erinnert, so hat »Bruder Konrad« sich herzlich wenig gestört an derlei Verfügung. Regelmäßig erhält er Besuch von seiner Familie. Seine Frau und die kleinen Kinder wohnen zwischenzeitlich wieder in der Max-Bruch-Straße in Köln-Lindenthal. Aber wann immer sich die Gelegenheit bietet, reisen sie mit dem Zug nach Andernach und von dort mit dem Bus weiter nach Maria Laach, um dem Familienoberhaupt einen Besuch abzustatten.

Adenauer kann seine Frau und die Töchter nur außerhalb der Klausur empfangen. Nicht selten finden diese Treffen im nahe gelegenen Seehotel statt, von wo aus man gemeinsame Spaziergänge in die nahe Umgebung unternimmt. Paul verbringt während seiner Schulferien oft mehrere Tage am Stück bei seinem Vater. Die Aufenthalte im Kloster bestärken den Jungen in seinem Entschluss, später einmal den Beruf des katholischen Geistlichen zu ergreifen.[3]

Zu den wichtigsten Personen, die Adenauer auch in seiner Verbannung zur Seite stehen, zählt Dora Pferdmenges, die Ehefrau des weithin bekannten Kölner Bankiers Robert Pferdmenges. Oft besucht sie Adenauer gemeinsam mit dessen Ehefrau Auguste und den Kindern. Da Adenauer sich über die kärgliche Klosterkost be-

1 Emmanuel von Severus (1908–1997) war über Jahrzehnte hinweg Prior in Maria Laach.

2 In: Reiner Hagen und Karl-Ernst Moring: Adenauer. Das Buchmanuskript zur Fernseh-Biographie des Norddeutschen Rundfunks in sieben Teilen. München 1987, S. 58.

3 Monsignore Dr. Paul Adenauer war u. a. Pfarrer der Gemeinde Schildgen und unterrichtete am Kölner Priesterseminar sowie am Collegium Albertinum in Bonn.

klagt, versorgt Dora ihn regelmäßig mit kleinen Köstlichkeiten wie Kaffee und Himbeergelee. Adenauer zögert auch nicht, hierin eine lückenlose Versorgung einzufordern. Zudem wünscht er dringend, Dora möge ihn einmal in Begleitung ihres Mannes aufsuchen. Robert Pferdmenges, der Adenauer bereits bei seiner Flucht aus Köln sowie bei der Reise von Berlin nach Maria Laach unterstützt hat, tut aber gut daran, sich reserviert zu halten. Als Gesellschafter des Bankhauses *Sal. Oppenheim jr. & Cie.* steht er unter Beobachtung. Die Bank wird als jüdisch, ihre Namensgeber werden als »Mischlinge zweiten Grades« betrachtet. Der später gegen Pferdmenges erhobene Vorwurf, er habe aus dieser Notlage der Bank persönliche Vorteile gezogen, ist faktisch falsch. Die 1938 erfolgte Umbenennung der Bank in *Pferdmenges & Co* diente ausschließlich der formalen Erfüllung einer Arisierungspflicht und ließ die sonstigen Besitzverhältnisse unberührt.[4] 1933 jedenfalls gilt es für Pferdmenges als Teilhaber der Bank, vorsichtig zu taktieren und den Kontakt zu Adenauer in engen Grenzen zu halten.

Adenauer, der in eigener Sache durchaus empfindlich sein kann, reagiert hartnäckig. In zahlreichen Briefen an Dora verklausuliert er seine Enttäuschung in permanenten Nachfragen nach dem Wohlergehen ihres Mannes. Dennoch besucht Robert Pferdmenges Adenauer nur ein einziges Mal im Kloster. Ein Briefkontakt zwischen Adenauer und dem Bankier aus dieser Zeit ist nicht bekannt.

Obwohl Konrad Adenauer während seines Aufenthalts in Maria Laach auch einige Besuchsangebote ausschlägt,[5] bleibt die Liste der Personen, die er nebst Dora und seiner Familie empfängt, beachtlich: Friedrich Carl Duisberg, Chemiker und Industrieller; Hermann Sierp, Professor für Botanik; Christine Teusch, ehema-

4 Vgl. hierzu die Angaben Alfred von Oppenheims. In: Silber-Bonz, Christoph: Pferdmenges und Adenauer. Der politische Einfluß des Kölner Bankiers. Bonn 1997, S. 9.

5 Vgl. hierzu eine Eigenaussage. In: Freundschaft in schwerer Zeit, S. 72.

lige Zentrumspolitikerin; Friedrich Grimm, Rechtsanwalt, der Adenauer in seinem Dienststrafverfahren vertritt; Josef Ruffini, ehemaliger Generalsekretär der Zentrumspartei; Josef Joos, ehemaliger stellvertretender Vorsitzender der Zentrumspartei; Franz Thediek, Regierungsrat der Bezirksregierung Köln; Rudolf Amelunxen, ehemaliger Regierungspräsident von Münster; Heinrich Weitz, ehemaliger Oberbürgermeister von Trier; Josef Giessen, Gartenbaudirektor von Köln; Franz Rodens, Journalist; Wilhelm Ewald, Direktor des Rheinischen Museums in Köln; Willy Suth, Adenauers Schwager und Stadtkämmerer von Köln; Alfred Dorff, Rechtsanwalt; – dies sind nur die prominenteren Personen, die Adenauer einen Besuch in Maria Laach abstatten.

Eine besonders hübsche Anekdote rankt sich um das Treffen mit Rudolf Amelunxen. Bei einem gemeinsamen Waldspaziergang soll Adenauer diesen gefragt haben, wie lange er glaube, dass das Hitlerregime noch andauere. Amelunxen besinnt sich und schätzt auf zwei Jahre. Daraufhin Adenauer: »Zwei Jahre! Um Gottes willen! Dann bin ich ja zu alt, um wieder einsteigen zu können!«[6]

Koketterie? Möglich, aber Adenauer ist zu diesem Zeitpunkt 57 Jahre alt. Das von Amelunxen prognostizierte Ende des Dritten Reiches würde für Adenauer bereits ein Lebensalter von 59 Jahren bedeuten. Manch einer beginnt in diesem Alter, die Tage bis zu seiner Pensionierung herunterzuzählen. In der Retrospektive freilich und eingedenk der weiteren geschichtlichen Verläufe, lässt sich ein Lächeln über Adenauers Prognose nur schwer unterdrücken, sowohl was die Dauer des Dritten Reiches, als auch was das Ende von Adenauers Karriere anbelangt.

6 Zitiert aus der Erinnerung von Rudolf Amelunxen. In: Amelunxen, Rudolf: Ehrenmänner und Hexenmeister. Erlebnisse und Betrachtungen. München 1960, S. 135.

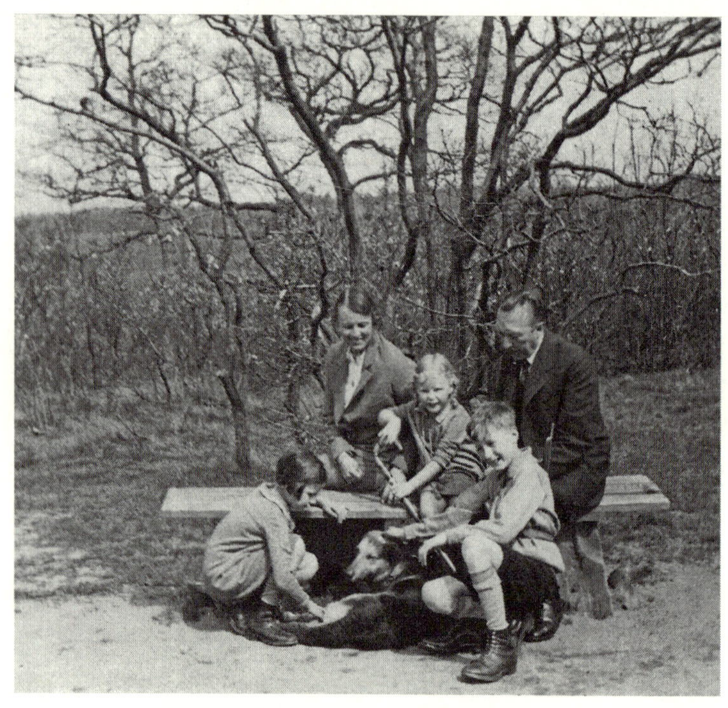

Konrad und Auguste mit den Kindern
Paul, Lotte und Libet in Maria Laach 1933

Hitlers Siegeszug

Am 2. Mai 1933 löst das NS-Regime alle Gewerkschaften und Angestelltenverbände deutschlandweit auf. Eine Woche später wird das Vermögen der SPD kassiert, die schwarz-rot-goldene Flagge ist Vergangenheit, und an den Universitäten brennen erste Bücher. Maria Laach fühlt sich durch diese Entwicklung nicht zur politischen Umkehr bewegt.

Auf einer Reichstagssitzung am 17. Mai 1933 gelingt Hitler hingegen das, was Adenauer nicht für möglich gehalten hat: Durch die konsequente Beteuerung seiner friedfertigen Absichten gewinnt jener das Vertrauen von In- und Ausland. Nur wenige Tage später hält Ildefons Herwegen eine Gedenkrede im Kölner Gürzenich. Sie gilt Albert Leo Schlageter, der seinen Kampf gegen die französische Ruhrbesetzung 1923 mit dem Leben bezahlte. Nachdem Herwegen diesen »Märtyrertod« gewürdigt hat, zieht er die Querverbindung zur Opferbereitschaft des deutschen Volkes. »Führer« und »Gefolgschaft« sind die beiden Begriffe, die diese Rede schlagwortartig durchziehen, Wörter, die auch das hierarchische Prinzip der katholischen Kirche, insbesondere das eines katholischen Klosters idealtypisch wiedergeben.

Einen Tag nach Herwegens Rede kommt es in Maria Laach zu einer starken Szene: Konrad Adenauer fordert vom Abt eine regelrechte Erklärung für dessen Gürzenicher Auftritt. Eine solche Rede habe er, Adenauer, Herwegen wirklich nicht zugetraut. Herwegen wiegelt ab: Adenauer kenne den Text der Rede nur aus einer verfälschenden Wiedergabe der Kölnischen Volkszeitung. Er zeigt Adenauer das Manuskript im Original. Wenn man den Erinnerungen des Abtes Glauben schenken darf, lenkt Adenauer daraufhin ein.[1] Womöglich will dieser seinen Gastgeber aber auch nicht allzu streng ins Kreuzverhör nehmen.

Adenauers Familie jedenfalls sieht sich in diesen Tagen zunehmend den Hetzkampagnen der Nationalsozialisten ausgeliefert. Am 22. Juni 1933 erscheint im *Westdeutschen Beobachter* ein Artikel, der das ganz besonders drastisch zum Ausdruck bringt. Hier ein Auszug:

> *Es trifft übrigens zu, dass kurz bevor sich das deutsche Volk auf unsren Führer Adolf Hitler in seiner überwiegenden Mehrheit besonnen hat und ihm das Staatssteuer in die Hand gab, die Frau des Oberbürgermeisters Dr. Adenauer sich darin gefallen hat, in vertrautem Kreis aus Anlaß eines Gesellschaftsabends eine Rezitation zu halten, in der sie Adolf Hitler in einer Weise behandelte, die sie besser unterlassen hätte. Wenn man diese Gattin des verflossenen Oberbürgermeisters, die sich aus Ehrgeiz zu der Heirat mit dem Oberbürgermeister entschlossen hat und um dessentwillen ihren Glauben wechselte und ohne Bedenken katholisch geworden ist, wirklich ernst nähme, könnte ihr jetzt leicht aus der unklugen Rezitation rechte Unannehmlichkeit entstehen.*[2]

Im Fortlauf wird auch der Aufenthaltsort Adenauers preisgegeben. Adenauer registriert es nahezu mit Erleichterung. Endlich ist es vorbei mit den ihm unangenehmen Gerüchten, er habe sich ins Ausland zurückgezogen.

1 Vgl. hierzu Herwegens Erinnerungen. In: Severus, S. 428.

2 Westdeutscher Beobachter, 22. Juni 1933.

Die innere Machtausweitung Hitlers nimmt derweil Fahrt auf. Am Tag der Veröffentlichung des o. a. Artikels wird die SPD verboten. Binnen zwei Wochen folgt die Abschaffung sämtlicher restlicher Parteien, das Zentrum inklusive. Nur die NSDAP darf bestehen. 30 Reichsgesetze werden beschlossen, die allesamt darauf abzielen, die Herrschaft der Nationalsozialisten absolut zu machen. Der Hitlergruß wird verpflichtend, eine Nichtbefolgung kann drastische Strafmaßnahmen nach sich ziehen. Außenpolitisch hingegen gibt sich der Kanzler weiter friedfertig: Am 15. Juli kommt es in Rom zum *Viermächtepakt*. Die Ratifizierung wird niemals erfolgen.

Die Auflösung der Zentrumspartei kommentiert Adenauer verbittert:

> *Dem Zentrum weine ich keine Träne nach; es hat versagt, in den vergangenen Jahren nicht rechtzeitig sich mit neuem Geiste erfüllt. M.E. ist unsere einzige Rettung ein Monarch, ein Hohenzoller oder meinetwegen auch Hitler, erst Reichspräsident auf Lebenszeit, dann kommt die folgende Stufe. Dadurch würde die Bewegung in ein ruhigeres Fahrwasser kommen.*[3]

Ist diese Abrechnung mit dem Zentrum ernst gemeint? Sicher schwingt hier Adenauers Enttäuschung mit über die Passivität, mit der das Kölner Zentrum zunächst die Diffamierung seines Oberbürgermeisters und dann am 23. März in seiner Gesamtheit das Ermächtigungsgesetz hingenommen hat. An Adenauers demokratischer Gesinnung darf aber kein Zweifel sein. Auch er

3 Konrad Adenauer an Dora Pferdmenges, 29. Juni 1933. In: Freundschaft in schwerer Zeit, S. 68.

weiß indes um den Terror, den die Nationalsozialisten im Vorfeld zu Hitlers Bevollmächtigung verbreitet haben. Seit Wochen sind politische Gegner inhaftiert, misshandelt und auch ermordet worden. Noch auf dem Weg zur Abstimmung über das umstrittene Gesetz sind einzelne SPD-Abgeordnete krankenhausreif geschlagen worden, und eine gewaltbereite SA-Mannschaft hat vor und in dem Reichstagsgebäude Aufstellung genommen, – ein Einschüchterungsszenarium, wie man es sich wirkungsvoller nicht denken kann.

Mit zeitlichem Abstand und aus der sicheren Bastion Maria Laach heraus geschrieben, erscheinen Adenauers Worte ungerecht und leichthin gewählt. Dass sein Herz aber insgeheim weiter für das Zentrum schlägt, wird sich in der Unentschlossenheit zeigen, mit der er nach dem Ende des Zweiten Weltkriegs zwischen seiner »alten« Partei und der neu entstehenden überkonfessionellen CDU hin und her schwankt.[4]

Im Juli 1933 begibt sich Adenauer auf eine kleine Reise im Zusammenhang mit seinem Dienststrafverfahren. Die erste Station ist Berlin, wo er durch den Untersuchungsführer Adolf Miller verhört wird. Bereits drei Monate zuvor hat Miller Adenauer befragt. Adenauer kennt ihn als schwierigen Charakter und befürchtet Ungutes für den weiteren Verlauf des Verfahrens. Nicht weniger als zehn Anklagepunkte werden gegen ihn ins Feld geführt, allesamt mit dem Ziel, seine Entlassung aus dem Dienst der Stadt Köln und die damit verbundene Aberkennung eines Ruhegehalts zu bewirken. Dabei wird die Taktik der Nationalsozialisten schon sehr bald dahin gehen, die nebensächlichen Vorwürfe fallen zu lassen und sich allein auf die schwerwiegenden Punkte der Anklage zu konzentrieren.

4 Vgl. hierzu eine Aussage von Paul Franken. In: Dreher, Klaus: Der Weg zum Kanzler. Adenauers Griff nach der Macht. Düsseldorf, Wien 1972, S. 121.

Über Köln führt Adenauers Reise anschließend weiter nach Düsseldorf, wo er mit dem Staatskommissar der Landesbank, Hans Weltzien, eine mögliche Entkräftung des gegen ihn erhobenen Vorwurfs der Bereicherung bespricht.

Zurück in Maria Laach erwartet Adenauer eine böse Überraschung: die offizielle Entlassung aus seinem Amt als Oberbürgermeister der Stadt Köln, – dies wohlgemerkt vor dem Ausgang des Verfahrens. Als Grund wird das *Gesetz zur Wiederherstellung des Berufsbeamtentums* angeführt. Dieses bereits am 7. April 1933 eingeführte Gesetz ermöglicht es den Nationalsozialisten, politische Gegner sowie Juden, Sinti und Roma aus ihren Ämtern zu entfernen und somit die reichsweite Gleichschaltung voranzutreiben. Paragraf 4, der in Adenauers Fall zur Anwendung kommt, lautet: »Beamte, die nach ihrer bisherigen politischen Betätigung nicht die Gewähr dafür bieten, dass sie jederzeit rückhaltlos für den nationalen Staat eintreten, können aus dem Dienst entlassen werden.«[5]

Hitler ist zwischenzeitlich ein weiterer Schachzug bei der Ergreifung der absoluten Macht gelungen: die Unterzeichnung des Konkordats mit dem Vatikan am 20. Juli 1933. Hiermit wirft die katholische Kirche ihre letzten Bedenken bezüglich der friedfertigen Absichten des »Führers« über Bord. Auf einem Sondertreffen des Katholischen Akademikerverbandes in Maria Laach präsentiert der eben aus Rom zurückkommende Vizekanzler Franz von Papen die Ergebnisse des Abkommens. Erschreckend, denn nur wenige Meter entfernt sitzt Adenauer auf seinem Zimmer und muss das Geschehen machtlos registrieren.

Einer Anekdote zufolge lässt er sich die Teilnahme an einer anschließenden Teerunde aber nicht nehmen. Einer der Gäste stellt ihm bezüglich des Konkordats die Frage, ob es nun nicht an der

5 Reichsgesetzblatt 1933, Teil 1, S. 175.

Franz von Papen (2. v. l.) und Eugenio Pacelli (4. v. l.)
bei der Unterzeichnung des Konkordats

Zeit sei, auch mitzumachen, um das zu retten, was noch zu retten sei. Adenauer daraufhin: »Meine Herren, wenn ich jetzt in Köln wäre und würde dort aus dem Dom das größte Weihwassergefäß holen, um das Weihwasser in den Rhein zu gießen, so bliebe der Rhein doch so schmutzig wie zuvor.«[6]

Einige chronologische Unstimmigkeiten sprechen gegen die Authentizität dieser Anekdote. Das tut ihrer Wirkung indes keinerlei Abbruch, zeichnet sie doch ein recht exaktes Bild von der Willensstärke und der Schlagfertigkeit Adenauers auch in dieser schwierigen Zeit. Adenauer kritisiert hier unverhohlen sowohl die blinde Mitläuferbereitschaft der katholischen Kirche, speziell des Klerus, wie auch das kompromisslos destruktive Wirken des Na-

6 Vgl. hierzu den Verweis in einer Facharbeit von Christoph Waldecker, die aber keine Fundstelle benennt. In: Landkreis Ahrweiler (Hrsg.): Kreis Ahrweiler unter dem Hakenkreuz. Studien zur Vergangenheit und Gegenwart. Band 2. Bad Neuenahr-Ahrweiler 1989, S. 383.

tionalsozialismus. Dass derlei ausgeschmückte Charakterzeichnungen tatsächlich seiner inneren Einstellung entsprechen, zeigen weniger bildhafte, dafür authentische Primärquellen, wie sie im Schlusskapitel dieses Buches wiedergegeben werden.

Es erübrigt sich beinahe zu ergänzen, dass die weitgehenden Zugeständnisse, die Adolf Hitler der katholischen Kirche mit dem Konkordat macht, in der Folgezeit nicht annähernd eingehalten werden.

Halbzeitbilanz

Am 13. September 1933 zieht Adenauer in einer Tagebuchnotiz Bilanz über seinen bisherigen Aufenthalt in Maria Laach:

> *Heute vor 6 Monaten bin ich von Köln abgereist und dachte in kurzer Zeit wieder zu Hause zu sein. – Schwere 6 Montage liegen hinter mir, die schwersten meines bisherigen Lebens und die entscheidungsvollsten für mein Inneres. Ob sie zu meinem besten ausgeschlagen sind? Ich hoffe es. Ich will versuchen, in Zukunft auf diesen Blättern einiges zur Erinnerung an diese Zeit niederzuschreiben, so wie man es heute tun darf und kann. Ich werde aus den vergangenen 6 Monaten hier und da etwas mit einfließen lassen. Wie mag es in Deutschland in 6 Monaten aussehen, wo mag ich sein, wo meine Familie; ich weiß es nicht. – Alles ist ungewiß, alles ist schwankend. –*[1]

Für die Adenauerforschung ist es bedauerlich, dass Adenauer nicht ernst gemacht hat mit seiner Ankündigung, Tagebuch zu führen. Alle Geschehnisse des Aufenthalts in Maria Laach und vor allem auch die Innenperspektive des Protagonisten wären aus erster Quelle überliefert und müssten nicht in mühevoller Kleinarbeit zusammengetragen werden.

Adenauer hat es jedoch bei der ersten und einzigen Eintragung belassen. Über die Gründe lässt sich spekulieren. Jedenfalls ist ein solches Vorgehen nicht untypisch für Adenauer. Schon einmal hat

1 Tagebucheintragung Konrad Adenauers, 13. September 1933. In: Adenauer im Dritten Reich, S. 174.

er ein Tagebuch begonnen und gleich nach der ersten Eintragung wieder abgebrochen. Das war 1917 nach dem Tod seiner ersten Ehefrau Emma und einem schweren Verkehrsunfall, der ihn für mehrere Monate auf das Krankenbett warf.

Es sind naturgemäß die schweren Krisensituationen, in denen sich Adenauer die Last von der Seele zu schreiben versucht, sei es in Briefen, sei es – seltener – in Tagebuchnotizen. Dabei ist bei Adenauer immer angeraten, im Einzelfall zu prüfen, ob es sich um eine tatsächliche Krisensituation handelt. Nicht selten sind seine eigenen dahingehenden Einschätzungen einem hintergründigen Alarmismus geschuldet, der letztlich darauf abzielt, den Adressaten zu schleunigem Handeln zu bewegen, und zwar zu einem Handeln in seinem, in Adenauers Sinne. Nicht von ungefähr kommt von diesem »Großvater der Füchse« der oftmals und in vielen Varianten wiederholte Satz »Die Lage war noch nie so ernst!« Fügen Sie bitte im Geiste den warnend erhobenen Zeigefinger hinzu!

Nun hat aber ein Tagebuch keinen direkten Adressaten, sofern es nicht von Beginn an für eine Veröffentlichung vorgesehen ist. Ein Tagebuch kann also unmittelbar auch niemanden zum Handeln bewegen. Womöglich hat Adenauer diese Ineffizienz selbst empfunden und es deshalb bei dieser ersten Notiz belassen. Als weit wirkungsvolleres Mittel steht ihm da schon der Brief zur Verfügung. Und so schreib er am 14. Oktober 1933 aus Maria Laach an Dannie Heineman nach Brüssel:

> *Lieber Freund,*
> […] *Ich kann Ihnen nicht im Einzelnen beschreiben, was man mir seit 7 Monaten alles angetan hat an Beschimpfungen und Schädigungen. Ich lebe nun diese ganze Zeit über von meiner Familie getrennt, in einer*

Unsicherheit über meine Familie und meine Zukunft und in einer Untätigkeit, die fast nicht mehr zu ertragen ist. Wie es mit mir steht, geht am besten daraus hervor, daß ich seit dem 13. März nicht mehr ohne Schlafmittel geschlafen habe und auch mit Schlafmitteln immer nur wenige Stunden. Ich bin fast am Ende meiner Widerstandskraft. Meiner armen Frau geht es ähnlich, sie hält sich tapfer, aber auch sie ist fast fertig.[2]

Der Brief scheint zunächst Adenauers Gemütslage am Rand der Verzweiflung wiederzugeben. Und dennoch müssen wir den Adressaten genauer ins Auge fassen: Dannie Heineman hat Adenauer gleich zu Beginn seiner Flucht aus Köln bereits 10 000 Reichsmark zur Verfügung gestellt, später noch einmal die gleiche Summe an Adenauers Frau Auguste übergeben.[3] Und Dannie Heineman ist auch einer der Menschen, die Adenauer eventuell zu einer neuen Anstellung in der Wirtschaft verhelfen können. Dramatisiert Adenauer seine Lage hier in ganz bestimmter Absicht? Immerhin finden wir einen Monat zuvor die vergleichsweise offene schriftliche Aufforderung Adenauers an Heineman, ihn bei der beruflichen Vermittlung zu unterstützen.[4]

Zweckpessimismus also? Jedenfalls müssen wir diese Möglichkeit bei Adenauers Kriseneinschätzungen immer in Betracht ziehen. Man sollte aber auch nicht die Gegenrichtung einschlagen und die Situation verharmlosen. Zwar ist Adenauer im Vergleich mit der Art und Weise, wie die Nationalsozialisten mit anderen politischen Gegnern umgesprungen sind, bisher glimpflich davon ge-

2 Konrad Adenauer an Dannie Heineman, 14. Oktober 1933. In: Adenauer im Dritten Reich, S. 182.

3 Vgl. Adenauer im Dritten Reich, S. 135.

4 Vgl. ebd., S. 177.

kommen. Aber man bedenke die Fallhöhe: Bis zu seiner Absetzung als Oberbürgermeister beschreibt Adenauers Vita einen beispiellosen Aufstieg aus der bürgerlichen Mittelschicht an die Spitze der Kölner Bevölkerung. Rückschläge hat es nur im privaten Bereich gegeben, etwa den Tod von Emma oder den erwähnten Autounfall im Frühjahr 1917. Es ist also durchaus glaubhaft, wenn Adenauer die zurückliegenden Monate in Maria Laach als die schwersten seines bisherigen Lebens bezeichnet. In der Tat sind ihm »Beschimpfungen« und »Schädigungen« in einem bisher ungekannten Maße zugefügt worden. Seine seelische Zerrüttung ist echt. Man vergleiche seine Lage etwa mit der von Otto Ruer, Oberbürgermeister von Bochum. Wie Adenauer wurde dieser gleich nach den Kommunalwahlen von den Nationalsozialisten aus seinem Amt entfernt, in den folgenden Wochen massiv diffamiert und drangsaliert. Otto Ruer beging Selbstmord am 29. Juli 1933.

Die Zukunft von Adenauer ist zum Zeitpunkt seiner Tagebuchnotiz wahrhaft ungewiss, ebenso die seiner Familie. Und angesichts der politischen Verhältnisse besteht aller Anlass zur Sorge: Wenige Tage nach Adenauers Schreiben an Dannie Heineman verlässt Deutschland den Völkerbund und setzt damit unzweideutige Vorzeichen für die weiteren außenpolitischen Ziele des Reiches.

Am 25. Oktober wird Adenauer durch seinen Bruder Johannes per Brief aus Köln informiert, dass ein Besuch Adolf Hitlers in Maria Laach bevorstehe. Johannes legt seinem Bruder nahe, sich mit Hilfe des Abtes um eine persönliche Aussprache mit dem Reichskanzler zu bemühen. Dieser ist durchaus ein heimlicher Bewunderer der Leistungen Adenauers, wie das Eingangszitat zu diesem Buch belegt. Der in Aussicht gestellte Besuch Hitlers in Maria Laach bleibt allerdings aus. Ob Adenauer sich um ein Vieraugengespräch mit dem Reichskanzler bemüht hätte, ist somit Spekulation.

Im November 1933 reist Adenauer für einige Wochen nach Berlin, um die Akten seines Dienststrafverfahrens einzusehen. Er übernachtet überwiegend in kirchlichen Häusern, etwa im Maria-Victoria-Krankenhaus in der Karlstraße und im Franziskanerkrankenhaus in der Burggrafenstraße. Die Nationalsozialisten sind zwischenzeitlich nicht mehr sehr zuversichtlich, was eine mögliche Verurteilung Adenauers und die damit verbundene Streichung seines Ruhegehalts anbelangt. Selbst in den wenigen verbliebenen Anklagepunkten herrscht keine zweifelsfreie Klarheit über Adenauers Schuld. Ein offizieller Freispruch liegt im Bereich des Wahrscheinlichen und würde eine peinliche Niederlage für Adenauers Gegner bedeuten. Eine vorzeitige Einstellung des Verfahrens wird somit aussichtsreich.

Am 15. Dezember kommt es in Berlin zu dem lange ersehnten persönlichen Treffen mit Dannie Heineman. Erneut wird eine mögliche Anstellung Adenauers in der Wirtschaft besprochen. Und obwohl sich Heineman reserviert zeigt, sind Adenauers diesbezügliche Vorstellungen nicht unrealistisch, hat er neben Rechtswissenschaften zeitweise doch auch Volkswirtschaft studiert und war im Vorstand und im Aufsichtsrat mehrerer namhafter Unternehmen vertreten. Das macht ihn nicht zu einem Wirtschaftsexperten, aber es sind ihm in der Vergangenheit durchaus lukrative Angebote aus dieser Richtung gemacht worden, Stellen, deren Entlohnung die seines Oberbürgermeistergehalts noch überschritten hätte.[5]

Es bleibt ein reizvolles Gedankenexperiment: Was wäre nach dem Zweiten Weltkrieg aus Deutschland geworden, wenn Adenauer tatsächlich den Weg in die Wirtschaft gewählt hätte? Wo-

5 Vgl. hierzu eine Aussage von Robert Görlinger. In: Weymar, Paul: Konrad Adenauer. Die autorisierte Biografie. München 1955, S. 114.

möglich hätte die Geschichte Deutschlands eine vollkommen andere, vielleicht sogar eine entgegengesetzte Richtung genommen. Spintisiererei? Man denke immerhin an den einzigen ernstzunehmenden Konkurrenten Adenauers im späteren Kampf um das Bundeskanzleramt: Kurt Schuhmacher. Er hätte sicher einen anderen Weg für und mit Deutschland eingeschlagen, als Adenauer es schließlich getan hat.

Kommen wir zum Schluss des Kapitels aber noch einmal auf Adenauers Tagebuchnotiz am Anfang zurück. Adenauer zieht hier Bilanz über seinen bisherigen Aufenthalt in Maria Laach. Er schreibt, dass die schwersten, aber auch die »für sein Inneres entscheidungsvollsten« Monate seines Lebens hinter ihm liegen. Was bedeutet das? Was wurde entschieden? Hat sich etwas Wesentliches geändert? Haben Nationalsozialismus, Isolation und Kontemplation womöglich einen anderen, gar einen vollendeten, einen am Ende seiner inneren Reifung stehenden Menschen aus Adenauer werden lassen? Das folgende Kapitel soll einen ersten Antwortversuch auf diese existenzielle Frage unternehmen.

Konrad und Auguste Adenauer in Maria Laach 1933

Der andere Adenauer

Die Frage stellte sich bereits eingangs: Fördert das Exilanten-Dasein Adenauers in Maria Laach womöglich eine ganz außergewöhnliche Facette seiner Persönlichkeit zutage, vielleicht sogar einen vollkommen unbekannten Konrad Adenauer?

In seiner Existenz als Wanderer, Leser und Briefschreiber ist dieser fremde Adenauer nicht zu suchen. Zwar erreichen derlei Daseinsformen in Maria Laach einen naturgemäß hohen Intensitätsgrad, aber gewandert ist Adenauer seit seiner Jugend. Und wenigstens seit ebenso langer Zeit liest er Bücher, gerne, zahlreich und mit großer Begeisterung. Briefe schreibt er unentwegt, vor, in und nach Maria Laach. Sein umfangreicher schriftlicher Nachlass legt ein eindrucksvolles Zeugnis ab für diesen Eifer: Schätzungen zufolge hat Adenauer mehr als 40 000 Briefe hinterlassen. Die klösterliche Kontemplation an sich ist ihm zeitlebens vertraut, ist sie doch bis zu einem gewissen Grad Bestandteil des katholischen Glaubens. Darüber hinaus existieren zahlreiche Eigenaussagen, die Adenauers hohe Wertschätzung für Momente der Stille und Einsamkeit belegen.

Und doch: Für einige wenige Augenblicke blitzen in Maria Laach Wesenszüge auf, die so zuvor und auch später nie wieder bei Adenauer zu finden sind. Den exklusiven Zugang zu derlei Momentaufnahmen bietet eine Veröffentlichung aus dem Jahr 2007, der Band »Freundschaft in schwerer Zeit. Die Briefe Konrad Adenauers an Dora Pferdmenges.« Bereits in der Einleitung treffen wir auf eine vielversprechende Aussage Paul Adenauers: Das Auftauchen dieser hauptsächlich in Maria Laach entstandenen Briefe sei für ihn und seine Geschwister eine große Überraschung gewesen. So etwas hätten sie noch nie von ihrem Vater gesehen.[1]

In der Tat werden sich Adenauers Kinder sehr gewundert haben über einen Vater, der – sonst Fassung und Unnahbarkeit in Person – hier regelrecht in Ausgelassenheit verfällt. Dies der Originalton:

> *Auch das 4. Skimmiakind* [die Rede ist tatsächlich von Pflanzen] *ist jetzt – leider – aus dem Säuglingsalter heraus; es war zuerst ein richtiges Sorgenkind, es war schon am vertrocknen und sterben, ich habe es dann operiert, und es hat daraufhin mehr Wurzeln bekommen als eines der andern.*[2]

Solche Kinderei und Narretei ihres Vaters ist den Familienangehörigen nicht vollkommen fremd. So weiß die Tochter Libet zu berichten, wie Adenauer ihr bei einem der zahlreichen Urlaube in Cadenabbia heimlich einen toten Siebenschläfer zu den Toilettenartikeln gelegt und sich im Anschluss diebisch über diesen Streich amüsiert hat.[3] Ein anderes Mal – wieder in Cadenabbia – tut er unbemerkt Schafsmist in ihren Handschuh. »Wider einer seiner Späße, die er so liebte!«[4] kommentiert die Tochter nachsichtig.

Jedoch spielen sich solche Szenen zumeist in den Urlaubstagen ab, also fernab von Adenauers alltäglicher Umgebung und vor allem auch losgelöst von seinem gewohnten Aufgabenbereich.

1 Aussage Paul Adenauers. In: Freundschaft in schwerer Zeit, S. 11.

2 Konrad Adenauer an Dora Pferdmenges, 27. Juli 1933. In: Freundschaft in schwerer Zeit, S. 76f.

3 Vgl. Werhahn, Libet: Erinnerungen an meinen Vater Konrad Adenauer. Neuss 2007, S. 153.

4 Ebd., S. 149.

Es handelt sich um tatsächliche Ausnahmesituationen. Und auch Maria Laach stellt eine solche Ausnahmesituation in Adenauers Leben dar. Es wäre weit gefehlt, seinen Aufenthalt dort als Urlaub zu bezeichnen. Diese Unverfrorenheit haben nur die Nationalsozialisten besessen. Dennoch befindet sich Adenauer, was die weitgehende Enthebung von seinen üblichen Ämtern und Pflichten anbelangt, nun in einer vergleichbaren Situation.

Weiterhin bezeichnend ist, dass er gewöhnlich nur im engen Familienkreis und speziell in Anwesenheit seiner Kinder zu Albernheit und Possenreißerei neigt, und auch dies nur als fürsorglich moderierendes Familienoberhaupt. Im Fall Maria Laach liegen die Dinge jedoch anders: Mit einem Mal ist Adenauer nicht mehr der scherzende Vater. Hier nun sehen wir einen Rollenwechsel, und Adenauers Ausgelassenheit wird – erschütternd genug – die eines Kindes, eines gleichermaßen wehrlosen wie pflichtfreien Kindes. Er selbst spricht ja in den Briefen an Dora Pferdmenges mehrfach von sich selbst als von einem »Kinde.«[5]

Und als ob der Befremdung damit nicht Genüge getan wäre, erreicht der Sprachduktus seiner Briefe an Dora stellenweise eine geradezu lyrisch zu nennende Qualität. Hier ein Beispiel:

> *Gestern abend kam ich durch die Apfelallee, das Wetter hatte sich vorübergehend aufgehellt, und die Luft war still. Es war entzückend schön: die Bäume über und über voll von diesen herrlichen Blüten, die Luft erfüllt mit dem süß-herben Duft, ganze Wellen gingen über mich dahin.* […] *Ich freue mich immer wieder, dass es Sphären gibt, die jenseits des Vergänglichen liegen, Quellen, die aus solchen Tiefen brechen und ge-*

5 Vgl. Freundschaft in schwerer Zeit, S. 76 und S. 91.

speist werden, dass nichts ihren Strom hemmen, nichts ihre Flut trüben kann; [...].[6]

Gerade in den Naturbetrachtungen erreicht Adenauer eine Bildhaftigkeit, wie wir sie in seinen vorherigen und späteren Texten vergebens suchen. Man denke an die knöcherne, leblose Sprache der vierbändigen *Erinnerungen*. Kaum zu glauben, dass die folgenden Passagen aus der Feder desselben Autoren stammen:

Über dem See ist jetzt die Luft oft ganz silbrig, eine entzückende Färbung, die Natur ist noch schön, aber so müde, sterbensmüde. Man sieht ihr an, wie gerne sie zur süßen Ruhe geht. Ich finde, daß die Natur im Winter nicht so sehr nach Tod aussieht wie jetzt; wenn die Blätter gefallen sind, sieht man die neu getriebenen Knospen und denkt schon an den Frühling.[7]

Erstaunlich und »entzückend schön!« Einschränkend muss gesagt werden, dass auch die pathetische bzw. hymnische Ausdrucksform Adenauer nicht absolut fremd ist, aber: sie gehört mitnichten zu seinem stilistischen Standartrepertoire. Die Konzentration, mit der sie in den Briefen an Dora Pferdmenges zutage tritt, kann erschöpfend nur durch das Alleinstellungsmerkmal *Maria Laach* erklärt werden. Einsamkeit und innere Not sind noch immer der beste Nährboden für die Dichtkunst gewesen. Oder, um es im Umkehrschluss mit Adenauer selbst zu sagen: »Wenn Goe-

6 Konrad Adenauer an Dora Pferdmenges, 11. Mai 1933. In: Freundschaft in schwerer Zeit, S. 56.

7 Konrad Adenauer an Dora Pferdmenges, 19. September 1933. In: Freundschaft in schwerer Zeit, S. 82f.

the tiefstes Leid erfahren hätte, wieviel Mehr [sic!] noch hätte er der Menschheit gegeben!«[8]

Es wäre in wechselseitiger Hinsicht vermessen, Adenauer mit Goethe vergleichen zu wollen. Und doch ist es ein ungewohnt literarischer Adenauer, der in den Briefen an Dora zum Ausdruck kommt, sicher kein fertiger Poet, immerhin aber ein Autor, der mit einiger Bildgewalt sein Inneres nach außen zu kehren versucht. In der verzweifelten Hinwendung zu einem der letzten, ihm in Freundschaft verbliebenen Menschen lässt Adenauer hier alle Schutzhüllen fallen und zeigt sich in einer beinahe schon kindlichen Verletzlichkeit. Das hat Seltenheitswert. Man sollte aber nicht vergessen, dass die Briefe an Dora Pferdmenges ursprünglich nicht für das Auge der Öffentlichkeit gedacht waren.

Nun wird die späte Veröffentlichung dieser Briefe – ähnlich wie meine bisherigen Ausführungen in diesem Kapitel – auch bei einem mit wenig Phantasie begabten Leser großen Raum für Spekulationen geöffnet haben. Indessen: Honit soit qui mal y pense! Derlei Gedanken entbehren jeglicher faktischen Grundlage. Das Verhältnis zwischen Konrad Adenauer und Dora Pferdmenges ist rein freundschaftlicher Natur. Der Leser möge sein Augenmerk doch vielmehr dem für Adenauer existenziellen Zweck dieser Briefe zuwenden und damit einem *heimlichen* Adressaten. Diese Zielperson hinter Dora ist ihr Ehemann Robert Pferdmenges. Ähnlich wie Dannie Heineman ist Robert Pferdmenges eine von wenigen Personen, die Adenauer möglicherweise zu einer beruflichen Anstellung verhelfen können. Und wie bereits angedeutet kann Adenauer mit großer Gewissheit davon ausgehen, dass Dora ihren Ehemann die Briefe sehen lässt, ihm wenigstens aber

8 Konrad Adenauer an Dora Pferdmenges, 18. Oktober 1935. In: Freundschaft in schwerer Zeit, S. 117.

Adenauers Grüße bestellt und dadurch dessen missliche Lage ins Gedächtnis ruft.

Nur ein Beispiel aus den Briefen zur Untermauerung meiner These:

> *Ich bin wirklich nicht verzweifelt, wenngleich ich davon überzeugt bin, daß ich niemals wieder eine* [...] *meine Zeit und Kraft ausfüllende Arbeit bekomme und insofern, wenn man will eine erledigte Existenz bin. Ich muß deshalb versuchen, aus den vorhandenen Trümmern eine bescheidene Hütte zu errichten; ob das gelingt, weiß ich auch nicht, ich hoffe es, ich hoffe auch, dass sich Hände finden, die mir dabei helfen.*[9]

Hier fehlt lediglich die direkte, namentliche Ansprache von Robert Pferdmenges. Es ist ohnedies vollkommen klar, an wen diese Zeilen gerichtet sind. Es sei nicht gerade behauptet, dass Adenauer Dora als Nachrichtenübermittlerin benutzt, aber er schlägt hier, bewusst oder unbewusst, zwei Fliegen mit einer Klappe: Einerseits schreibt er sich die besondere Last von der Seele, zugleich aber erreicht er indirekt einen Menschen, der eventuell eine positive Wende in seiner Misere herbeiführen kann. Zwischen den hoch emotionalen Zeilen, die Adenauer an Dora Pferdmenges richtet, geht der Pragmatiker also keinesfalls verloren.

Inwiefern das Leben unter den benediktinischen Mönchen Adenauers Inneres weiter beeinflusst, hierzu geben die Autoren Dorothea und Wolfgang Koch einen wichtigen Fingerzeig in ihrem Nachwort zur vorliegenden Veröffentlichung. Stellen wir uns

9 Konrad Adenauer an Dora Pferdmenges, 19. September 1933. In: Freundschaft in schwerer Zeit, S. 83.

einstweilen die Frage, ob Adenauer neben der von ihm empfundenen Festigung auch eine politische Neuausrichtung in Maria Laach erfährt, ob also sein »Insel-Dasein« ideologische bzw. programmatische Spuren in seiner späteren Bundeskanzlerzeit hinterlassen hat.

Festzuhalten gilt, dass die gesamte Zeit des Nationalsozialismus und die darin gemachten Erfahrungen Adenauer desillusioniert haben, was die Natur des Menschen anbelangt. Wir haben bereits im Zusammenhang mit Adenauers Studium Arthur Schopenhauers auf diese Entwicklung hingewiesen. Jedenfalls legt Adenauer in späteren Jahren oft einen Wesenszug an den Tag, der ihm als *Menschenverachtung* ausgelegt wird. Passender und gerechter ist aber vielleicht die Kennzeichnung als *pragmatisch* und *realistisch*.

Es wird auch immer wieder behauptet, in Maria Laach habe sich Adenauers Idee einer überkonfessionellen, christlichen Partei herauskristallisiert. Dies wäre dann der Vorgedanke zur später entstehenden CDU gewesen. Gegen eine solche Auslegung spricht aber die Unentschlossenheit, mit der Adenauer die Anfänge der CDU zunächst aus der Distanz heraus beobachtet. Erst als der Zug sichtlich ins Laufen kommt, schließt Adenauer sich dieser Bewegung an. Ein überkonfessioneller Parteientwurf während seines Aufenthalts in Maria Laach ist nach meiner Einschätzung dem Bereich der Legendenbildung zuzuweisen. Richtig jedoch ist, dass Adenauer in den beiden päpstlichen Enzykliken »Rerum Novarum« und »Quadragesimo Anno« Anregungen für ein realistisches Sozialprogramm entdeckt, das ihn noch in der Bundeskanzlerzeit beschäftigen wird. Man sollte eine dahingehende programmatische Wirkung jedoch nicht überbewerten.

Am Laacher See

Weihnachten in Maria Laach

Am 1. Dezember 1933 macht das Hitlerregime die NSDAP zur einzig erlaubten Partei im deutschen Reich. Das wenig später eingeführte »Heimtückegesetz« schützt diese Partei vor jedem direkten wie indirekten Angriff.

Adenauer ist von Berlin nach Maria Laach zurückgekehrt. Weihnachten 1933 verbringt er mit seiner Familie im Seehotel beim Kloster. Es soll – gerade der Umstände halber – ein besonders eindringliches und besinnliches Weihnachtsfest werden, an das Adenauer sich noch Jahrzehnte später gerne erinnert:

> *Ein Weihnachtsfest vor allem kommt mir wieder in den Sinn. Es war ein Weihnachten in der nationalsozialistischen Zeit, als ich aus meiner Heimatstadt verjagt und verbannt und von einem Jugendfreunde, dem Abt des Klosters Maria Laach, aufgenommen war. Ich weiß nicht, ob das nicht das schönste meiner Weihnachtsfeste war. Meine Frau und die Kinder waren gekommen, der Christbaum war klein in einem Hotelzimmer aufgebaut, es gab nur wenige Geschenke, aber wir, die getrennt worden waren, freuten uns des Zusammenseins. Und der Gottesdienst war so ergreifend. Er begann am hl. Abend um 10.00 Uhr in der herrlichen Basilika, er dauerte bis 2 Uhr nachts. Die alten Metten und Choräle wurden gesungen und unsere schönen deutschen Weihnachtslieder. Die Kirche war übervoll, noch aus dem fernen Industriegebiet waren die Menschen gekommen. Alle waren hingegeben dem großen Geheimnis, das ge-*

feiert wurde. Draußen lag Schnee, es funkelten die Sterne, eine große wunderbare Stille lag auf Berg und See.[1]

Und Adenauers Ehefrau Auguste schildert ihre Eindrücke ganz ähnlich:

Die Kinder hatten den Vater seit Monaten nicht gesehen, sie stürzten auf ihn zu, hingen lachend und weinend an seinem Halse, und die Kleinen fingen gleich an, ihre Gedichte aufzusagen. Ich glaube, am liebsten hätten sie sofort mit der Feier begonnen. Doch der Vater hielt auch bei aller Festfreude auf Ordnung. Wir nahmen gemeinsam das einfache Abendbrot, dann wurden die Kleinen schlafen gelegt, mein Mann ging noch mit Konrad, Max und Paul in seine Zelle hinüber, um dort einen Christbaum zu schmücken. Danach legten wir uns alle zur Ruhe.

Um elf Uhr begann die Mitternachtsmesse. Wir trafen uns schon vorher in der Abteikirche. Die Kirche lag noch im Dunkel, aber sie war schon dichtgefüllt von einer andächtigen Menge. Viele waren stundenweit durch Schnee und Dunkelheit gestapft, um die feierliche Stunde der Menschwerdung Gottes mit den Mönchen gemeinsam zu begehen.

Die Glocken begannen zu läuten, in der Kirche wurden die Kerzen angezündet, Hunderte von Kerzen, die das hohe Gewölbe mit einem warmen honigfarbenen Licht erfüllten.

1 Aus Konrad Adenauers Weihnachtsansprache 1951, ausgestrahlt im deutschen Rundfunk.

Dann begann die Feierstunde. Der Abt und seine Mönche in der schwarzen Kukulle des heiligen Benedikt zogen in den Chor ein. Ihnen folgten die Priester, die den Altardienst hatten, in prächtigen Gewändern aus weißer Seide. Die Orgel brauste auf, und unter dem Gesang der heiligen Texte nach der uralten Weise des gregorianischen Chorals vollzog sich am Altar das Geheimnis der Menschwerdung Gottes.

Noch nie war mir der Sinn der Heiligen Weihnacht so nahegebracht worden wie in diesen Stunden. Alle Bitterkeit über die erfahrenen Kränkungen, das traurige Gefühl, ausgestoßen und verfemt zu sein, waren von mir abgefallen, ich fühlte mich eins mit allen, die hier versammelt waren, und zugleich schicksalhaft mit Gott verbunden. Auch Konrad muß ähnlich empfunden haben. Denn als er uns nach der Feierstunde durch die sternenklare Nacht zum Hotel hinüberbegleitete, fasste er meine Hand und sagte ein Wort, das mir immer im Gedächtnis bleiben wird: »Mit Gott ist der Verfolgte stärker als ohne Gott selbst der mächtigste Verfolger.«[2]

Wer um die zentrale Stellung weiß, die das Weihnachtsfest im Kreis der Familie Adenauer bis zum heutigen Tag einnimmt, kann die feierliche Stimmung, die in den wiedergegebenen Passagen zum Ausdruck kommt, mühelos nachvollziehen. Auch heute noch treffen sich Adenauers Nachkommen jedes Jahr in der Weihnachtszeit im ehemaligen Wohnhaus des Kanzlers in Rhöndorf, um gemeinsam Weihnachten zu feiern, eine Tradition, die Konrad Adenauer durch eine Wunschäußerung auf dem Sterbe-

2 Aus dem Bericht einer Freundin der Familie. In: Weymar, S. 166f.

bett initiiert hat, die aber auch das ganz besondere Verhältnis der Familie zu diesen feierlichen Tagen und zur »Menschwerdung Gottes« widerspiegelt.

Die Weihnachtskrippe der Familie Adenauer

Der Abschied

Am 6. Januar 1934, einen Tag nach Adenauers 58. Geburtstag, trifft sich der Vorstand des rheinisch-westfälischen Schützenvereins in Maria Laach, um seine Satzungen an die neue Reichsverfassung anzupassen. Auch der SS-Mann Carl Zenner ist zugegen. Dieser wendet sich nach der Sitzung an Herwegen, um ihn vor einem weiteren Aufenthalt Adenauers in Maria Laach zu warnen. Herwegen müsse dafür sorgen, dass Adenauer verschwinde, widrigenfalls er Unannehmlichkeiten haben werde. Herwegen weist darauf hin, dass er durch sein Versprechen an Adenauer gebunden sei. Zudem sei ein Dienststrafverfahren gegen Adenauer im Gange. Man möge doch den Ausgang dieser Untersuchung abwarten und dann über Adenauers Aufenthaltsort befinden.[1]

Zenner gibt sich äußerlich zufrieden, wendet sich aber im Anschluss an Adenauer selbst. Und der nimmt die Warnung ernst. Sicher ist die Situation auch gefährlich, nicht zuletzt dadurch, dass das Kloster sich in diesen Tagen endlich von der Reichsregierung zu distanzieren beginnt. Auch das Konkordat mag eine Rolle spielen, verpflichtet es doch die katholische Kirche zu politischer Neutralität, was die Unterbringung eines Regimegegners letztlich verbietet. Womöglich hat Adenauer aber auch die Auflagen für seinen Aufenthalt zu wenig ernst genommen. Zenners Warnung jedenfalls zeigt Wirkung: Adenauer hält sich in den folgenden Monaten wesentlich häufiger in Berlin auf als in Maria Laach.

Ildefons Herwegen wird zwischenzeitlich bewusst: Wo ein Mann vom Schlage Hitlers regiert, bleibt wenig Platz für eine zweite, eine kirchliche Autorität. Kurz nach dem oben erwähnten Treffen des Schützenvereins wird Herwegen erstmals von der Ge-

1 Vgl. hierzu die Erinnerungen Herwegens. In: Severus, S. 427.

stapo verhört. Man verdächtigt ihn, einen hohen Geldbetrag vom Papst entgegengenommen zu haben, ohne die Finanzbehörde zu informieren. Drei weitere Verhöre folgen. Im März 1934 ist Herwegens Richtungswechsel vollzogen. Verbittert stellt er fest: »Wir werden von Verbrechern regiert.«[2] Adenauer spricht in diesem Zusammenhang von einer »wahren Götterdämmerung,«[3] die in Maria Laach eingetreten sei.

Adenauers Dienststrafverfahren nimmt inzwischen einen positiven Verlauf. Der Kölner Regierungspräsident Rudolf zur Bonsen empfiehlt Göring die Einstellung des Verfahrens. Adenauers Anwalt Dr. Grimm hat zwischenzeitlich eine solche Menge an entlastendem Beweismaterial zusammengetragen, dass die Nationalsozialisten mit einem Pensionsentzug für Adenauer ernsthaft nicht mehr rechnen dürfen. Im Gegenzug für die Einstellung des Verfahrens muss Adenauer jedoch garantieren, auf jegliche weitere Auslegung dieser Maßnahme zu seinen Gunsten zu verzichten.[4]

Nach erneutem, kurzem Aufenthalt in Maria Laach begibt sich Adenauer auf die Suche nach einer Wohnung in Berlin. Am 23. März 1934 unterschreibt er den Mietvertrag für ein Haus in der Augustastraße 40 (heute Rosa-Luxemburg-Straße) in Neubabelsberg. Am 3. Mai des gleichen Jahres bezieht die Familie Adenauer ihr neues Zuhause.

Zum Abschied haben die Mönche von Maria Laach Konrad Adenauer ein ganz besonderes Geschenk gemacht, einen Betstuhl mit den eingearbeiteten Worten »ORA ET LABORA. 1933 Ma-

2 Äußerung Herwegens gegenüber Emmanuel von Severus. In: Morsey, Rudolf (Hrsg.): Zeitgeschichte in Lebensbildern. Aus dem deutschen Katholizismus des 20. Jahrhunderts. Band 2. Mainz, 1975, S. 71.

3 Konrad Adenauer an Dora Pferdmenges, 4. März 1934. In: Freundschaft in schwerer Zeit, S. 96.

4 Vgl. hierzu Adenauer im Dritten Reich, S. 192.

ria Laach 1934«[5]. Ora et labora, ein Wahlspruch, der gewiss auch Adenauers Zustimmung gefunden haben wird, sind sein strenger Glaube und seine Arbeitswut doch sprichwörtlich geworden. Er selbst wiederum überlässt den Mönchen sein Grammophon, von dem er hofft, dass es sie dann und wann erfreue und gelegentlich an ihn erinnere.[6]

Am 4. Juni 1934 wird das Dienststrafverfahren gegen Konrad Adenauer ergebnislos eingestellt.

Abschiedsgeschenk der Mönche von Maria Laach an Konrad Adenauer

5 Der Betstuhl ist heute in der Dauerausstellung der Stiftung Bundeskanzler-Adenauer-Haus in Rhöndorf zu besichtigen.

6 Konrad Adenauer an Ildefons Herwegen, 16. Mai 1934. In: Adenauer im Dritten Reich, S. 212.

Schluss

Die freundschaftliche Verbundenheit zwischen Konrad Adenauer und Ildefons Herwegen bleibt lebenslang bestehen. Beide werden in der Zeit des Dritten Reiches mehrfach verhört, Adenauer zweimal verhaftet, – beide überleben. Regelmäßig schreiben sie einander Briefe. An einem jeden Weihnachten wird »Bruder Konrad« in seinem Rhöndorfer Domizil mit dem größten gefangenen Karpfen aus dem Laacher See bedacht. Der Beschenkte weiß sich zu revanchieren: Zum 800. Kirchweihjubiläum stiftet Adenauer ein Mittelfenster im Westchor der Abtei.

Und nicht nur Adenauer selbst, die gesamte Familie bleibt dem Kloster gewogen. Adenauers älteste Tochter Ria heiratet dort im Jahre 1937. 1950 folgt ihr darin seine jüngste Tochter Libet. Und sein Sohn Paul trägt sich lange Zeit mit dem Gedanken, dem Kloster als Mönch beizutreten. Das wäre sicher so geschehen, wäre nicht die langwierige Krankheit seiner Mutter, Auguste Adenauer, dazwischen gekommen. Paul mochte Gussie in dieser schwierigen Phase ihres Lebens so nahe wie möglich sein und entschloss sich daher zu einem Theologiestudium in Bonn.

Besonders lieb gewonnen hat Konrad Adenauer seinen Laacher Gastvater Johannes Vollmar. Zu dessen Goldenem Priesterjubiläum sendet er 1961, also 27 Jahre nach seinem Aufenthalt in Maria Laach und 12 Jahre nach seiner Wahl zum Bundeskanzler folgendes Gratulationsschreiben:

> *Ich bin von Dank erfüllt für alle die Güte und Liebe, die Sie mir in der Zeit, die ich in Ihrem Kloster verbringen durfte, erwiesen haben. Wenn jenes Jahr trotz aller der schweren Schicksalswege und Schicksalsschläge, die es mit sich brachte, in meiner Erinnerung als ein*

schönes und wertvolles Jahr lebt, dann verdanke ich das zum großen Teil Ihnen.[1]

Wie zahlreiche weitere Klöster steht Maria Laach in der Zeit des Nationalsozialismus unter scharfer Beobachtung. Auch Maria Laach wird durch scheinrechtliche Devisen- und Sittlichkeitsprozesse an den Rand der Auflösung gebracht.[2] Dass es weiterhin be-

Elisabeth Werhahn, Libet, bei Ihrer Hochzeit 1950 in Maria Laach

1 Konrad Adenauer an Johannes Paul Vollmar, 17. September 1961. In: Adenauer im Dritten Reich, S. 529.

2 Vgl. hierzu Deckers, Daniel: Kreuz und Adler. In: Frankfurter Allgemeine Zeitung, 24. Dezember 2003, S. 6.

stehen kann, ist nicht zuletzt den Kontakten Herwegens zu verdanken, Kontakte auch zu höheren Funktionsträgern des Dritten Reiches. Zudem zählen nicht wenige der Mönche nationalsozialistische Größen zu ihren engsten Verwandten und Bekannten. Einem Gerücht zufolge soll Heinrich Himmler, Reichsführer SS, höchst selbst seine schützende Hand über das Kloster gehalten haben. Als ihm Maria Laach als eine der letzten Bastionen des Gregorianischen Gesangs beschrieben worden war, soll Himmler gefragt haben, ob der Gregorianische Gesang nicht eine Fortsetzung der alt-arischen Gesänge sei. Eine vollkommen unerwartete Chance tat sich hier auf. Man habe Himmler natürlich in seinem Glauben belassen. Das Kloster sei dadurch vor der Aufhebung bewahrt worden. Pater Theodor Bogler beschreibt diese Anekdote in seinen Erinnerungen sehr viel genauer.[3] Sie stammt allerdings aus den Berichten Dritter und es spricht einiges gegen ihre Authentizität: Himmler war ein Massenmörder, kein Narr. Aber mit oder ohne seine Hilfe, Maria Laach hat die Zeit des Dritten Reiches vergleichsweise schadlos überdauert.

Konrad Adenauer – aller Freundschaft zum Trotz – beurteilt die Rolle der katholischen Kirche, vor allem die der deutschen Bischöfe im Nationalsozialismus, unverhohlen kritisch:

> *Nach meiner Meinung trägt das deutsche Volk und tragen auch die Bischöfe und der Klerus eine große Schuld an den Vorgängen in den Konzentrationslagern.* […] *Ich glaube, daß, wenn die Bischöfe an einem bestimmten Tag öffentlich von den Kanzeln aus dagegen Stellung genommen hätten, sie vieles hätten verhüten kön-*

3 Bogler, Theodor: Suche den Frieden und jage ihm nach. Recklinghausen 1964, S. 89f.

nen. Das ist nicht geschehen und dafür gibt es keine Entschuldigung.[4]

ꙮ

Robert Pferdmenges wurde wie Konrad Adenauer im Zusammenhang mit dem Attentat auf Adolf Hitler vom 20. Juli 1944 in Untersuchungshaft gesetzt. Er überstand das Dritte Reich unbeschadet und blieb Adenauer auch in den Folgejahren ein wichtiger Freund und Berater.

Dannie Heineman übersiedelte 1940 von Brüssel nach Greenwich, Connecticut. Wann immer der spätere Bundeskanzler Konrad Adenauer die USA bereiste, galt sein Besuch nicht zuletzt dem Großindustriellen, dessen finanziellen Beistand in schwierigen Zeiten er nicht vergessen hatte.

4 Konrad Adenauer an Bernhard Custodis, 23. Februar 1946. In: Hans Peter Mensing (Bearb.): Adenauer. Briefe 1945–1947. Hrsg. von Rudolf Morsey und Hans-Peter Schwarz. Berlin 1983, S. 172f.

Benediktinerabtei Maria Laach in der Eifel

Nachwort

von Dorothea und Wolfgang Koch

Welche geistigen Kräfte formten Adenauers Persönlichkeit und befähigten ihn seelisch für den Wiederaufbau Westdeutschlands? Carsten Sick trägt zur Beantwortung dieser Kernfrage bei. Denn erstmals umreißt eine Einzelpublikation präzise und kompakt die Episode »Maria Laach« im Leben des Gründungskanzlers.

Adenauers Priestersohn gibt als Antwort: »So erlebte er den traditionellen Glauben seines bisherigen Lebens durch die Liturgie der Mönche und den Kontakt mit ihnen in ganz neuer Weise als alte Quelle neuer Kraft. [...] Später, als er das Sterben spürte, bat er mich, ihm die lateinischen Messgesänge vorzusingen.« Seine seelische Wandlung reflektiert Adenauer selbst: »Ich habe das früher nicht verstanden, vielleicht geringschätzig darüber gedacht und geglaubt, dass manche anderen Dinge, auch politische Dinge, wichtiger seien. Ich habe die Unrichtigkeit meiner Meinung eingesehen: ohne die richtige, lebendige seelische Haltung wird alles andere nicht richtig; nichts ist aber so sehr geeignet, auf die seelische Haltung einzuwirken als die richtig verstandene Pflege des liturgischen Gedankens.«

Noch dreißig Jahre später bekennt er sich dazu: »Ich nahm auch häufig teil an den Gottesdiensten der Benediktiner. In einem solchen Kloster ist ja eine ganz besondere Atmosphäre, und namentlich bei diesen Benediktinern waren zum Teil hochgebildete Leute.« Wie sehr sogar sein Gebetsleben benediktinisch geprägt war, erschließt ein Brief gegen Ende seiner Kanzlerschaft: »Das Chorgebet schätze ich besonders seit der Zeit, als ich mich in Maria Laach verborgen halten musste. [...] Ich erhoffe mir eine tiefgreifende Belebung des Chorgebetes, das in der großen Not unserer Zeit so viel Licht und Kraft auf der Erde bedeuten kann.« Sichtbaren Ausdruck verleiht Adenauer seiner Verbundenheit mit benediktinischem Geist auf dem Monte Cassino. Über den Fundamenten der Kapelle, in der Benedikt von Nursia starb, stiftet er eine Figurengruppe. Auch im Rhöndorfer Adenauerhaus findet sich Benediktinisches, etwa eine Statue des Bonifatius-Schülers Sturmius, Gründer des Benediktinerklosters in Fulda.

In eindrucksvollen Passagen beschreibt Sick das Weihnachtfest 1933 im Familienkreis. Als Bundeskanzler wird Adenauer sagen: »Die christliche Familie ist das Fundament für die Rettung und die Wiedererstehung Europas.« Dieses Bewusstsein durchdringt seine Weihnachtsansprachen, die zu politischem Engagement aufrufen. Eine päpstliche Radioansprache hatte in der Kriegsweihnacht 1944 das religiöse Fundament der europäischen Christdemokratie gelegt. Für Pius XII. verkündet das Weihnachtsfest »feierlich die unverletzliche Würde des Menschen mit einer Kraft und Autorität, gegen die es keine Berufung gibt.« Seine Richtlinien für »wahre und echte Demokratie« beschreiben auch das Ideal christdemokratischen Handelns »mit tiefer christlicher Gesinnung und Überzeugung, mit gerechtem und sicherem Urteil, mit praktischem und ausgeglichenem Wesen, sich selbst treu in allen Lagen.«

Auf Einladung des italienischen Ministerpräsidenten Alcide De Gasperi bricht Adenauer 1951 zur der ersten Auslandsreise eines deutschen Bundeskanzlers auf. Es ist die Wiederbegegnung zweier Gleichgesinnter. Schon 1921 hatten sie sich in Köln auf christlicher Grundlage über europäische Politik ausgetauscht. Gemeinsam ist ihnen auch die Erfahrung faschistischer Verfolgung und der Schutz der Kirche. Ein Höhepunkt ist für Adenauer die Begegnung mit dem Papst, den er als Präsident des Preußischen Staatsrats bereits kannte: »Schon der erste Eindruck, den ich von

Pius XII. gewann, als er noch Nuntius in München und Berlin war, war außerordentlich stark«.

1952, im Jahr des Inkrafttretens der Montanunion, empfängt die junge Bundesrepublik den Christdemokraten Alcide De Gasperi. Medial wirksam veranschaulicht das Besuchsprogramm ihre gemeinsamen Wurzeln und europapolitischen Ziele. Insbesondere führt Adenauer seinen Gast nach Maria Laach, in seinen Zufluchtsort. Bereits Robert Schuman, der dritte »Vater Europas«, wohnte 1913 dort der Liturgie der Kartage bei und schloss Freundschaften mit katholischen Politikern. So verweist die Abtei auf das Christentum als gemeinsames Fundament Europas. Sie steht aber auch für die Zerrissenheit der Katholiken zu Beginn der Diktatur. Symptomatisch war das Eröffnungsreferat Abt Herwegens auf einer Tagung mit dem Titel: »Was auf religiösem Gebiet die liturgische Bewegung ist, ist auf politischem Gebiet der Faschismus«. Aber die Mönchsgemeinschaft lernt dazu. In seiner Schrift über Adenauers Kanzleramtschef vertieft Sick die Problematik der Katholiken im Nationalsozialismus (*Hans Globke 1898–1973. Eine bundesdeutsche Nachkriegskarriere?* Baden-Baden 2020).

Nicht nur Maria Laach prägte den späteren Bundeskanzler. »In der jetzigen Situation beten wir bewusster und intensiver als je für Sie, Herr Bundeskanzler,« schreibt ihm Äbtissin Theresia Jackisch der Benedikinerinnenabtei vom Heiligen Kreuz in Herstelle im Krisenjahr des Kalten Krieges 1954, »und wir tun es inmitten aller Spannungen mit der Zuversicht, dass Gebet und Opfer einer gottgeweihten Gemeinschaft eine Macht sind, die Gottes Segen herabruft, und böse Mächte zurückdrängt.« Für einige Wochen verbarg sich Adenauer dort Anfang 1935 in der Klosterpforte. Dankbar versucht Adenauer, dem Konvent zu helfen und berichtet im März 1935 seinem protestantischen Freund Robert Pferdmenges: »Die Benediktinerinnenabtei Herstelle ist sehr arm, im buchstäblichen Sinne des Wortes. Sie leidet unter einer erdrückenden Raumnot, sie ist so groß, dass eine Anzahl der 91 Schwestern des Klosters zu mehreren eine kleine Zelle haben. Neuaufnahmen sind trotz zahlreicher Meldungen geeigneter Bewerberinnen wegen Raummangels nicht möglich.« Pferdmenges möge sich für die Abtei einsetzen.

Kirchliche Einrichtungen boten Adenauer immer wieder Zuflucht, etwa für ein ganzes Jahr das Pax-Heim in Unkel am Rhein (1935/36). »Die Zukunft stand grau in grau vor mir, die Zukunft Deutschlands und die Zukunft meiner Familie,« erinnert sich Adenauer 1961. »Da kam mir ein Buch, das ich mir mitgebracht hatte, der *Taifun* von Joseph Conrad, einer meiner liebsten Schriftsteller, in die Hand. [...] Ich las, dass der Kapitän den Sturm nicht durch seine Klugheit, sondern durch Geduld und Ausdauer bestand. Das Buch hat mich getröstet und meine Hoffnung neu belebt.«

Unter kirchlichem Schutz finden inmitten der Diktatur auch Gespräche über Deutschlands Zukunft statt, etwa im Bonner Elisabeth-Krankenhaus. Den Franziskanerinnen von der allerseligsten Jungfrau Maria von den Engeln, die es führen, steht Adenauer nahe. Nach dem Krieg trifft er dort Politiker. Seit 1958 feiert Adenauer jährlich am 5. Januar seinen Geburtstag im Elisabeth-Krankenhaus, in dessen Kapelle sein Sohn die Festmesse zelebriert.

Maria Laach steht für eine seelische Wende des späteren Bundeskanzlers. »In ganz neuer Weise« wird ihm »der traditionelle Glaube seines bisherigen Lebens« eine »alte Quelle neuer Kraft.«

Zitate entnommen aus: Konrad Adenauer. Der Katholik und sein Europa, Kißlegg 2018.

Danksagung

Mein ausdrücklicher Dank geht an:

- Daniel Seger von Königshausen & Neumann für die unkomplizierte und professionelle Begleitung der Publikation
- Dorothea und Wolfgang Koch für den Beitrag des Nachworts
- Gaby Büsch für Scan und Fotorecherche
- die Stiftung Bundeskanzler-Adenauer-Haus und die Abtei Maria Laach für die großzügige Handhabung ihrer Fotorechte

Das Buch hätte auch nicht entstehen können ohne die Vorarbeit einer ganzen Reihe von Autoren und Adenauerkennern, die in ihren Werken direkt wie indirekt Adenauers Aufenthalt in Maria Laach thematisieren. Sie alle namentlich zu nennen, würde zu weit führen, es sei aber immerhin auf das nachfolgende Literaturverzeichnis verwiesen. Stellvertretend und allen voran möchte ich Dr. Hans Peter Mensing erwähnen. Mit seiner Bearbeitung der Briefe Konrad Adenauers in den Bänden »Adenauer im Dritten Reich« und »Freundschaft in schwerer Zeit« ist er am weitesten in die Materie vorgedrungen. Diese beiden Bände waren deshalb auch die Quellen, aus denen ich bei meiner Arbeit am häufigsten habe schöpfen dürfen. Herzlichen Dank!

Literatur

Adenauer. Briefe 1945–1947. Bearb. von Hans Peter Mensing. Hrsg. von Rudolf Morsey und Hans-Peter Schwarz. Berlin 1983.

Adenauer im Dritten Reich. Bearb. von Hans Peter Mensing. Hrsg. von Rudolf Morsey und Hans-Peter Schwarz. Berlin 1991.

Albert, Marcel: Die Benediktinerabtei Maria Laach und der Nationalsozialismus. Paderborn, München, Wien, Zürich 2004.

Amelunxen, Rudolf: Ehrenmänner und Hexenmeister. Erlebnisse und Betrachtungen. München 1960.

Bogler, Theodor: Suche den Frieden und jage ihm nach. Recklinghausen 1964.

Deckers, Daniel: Kreuz und Adler. In: Frankfurter Allgemeine Zeitung, 24.12.2003, S. 6.

Dreher, Klaus: Der Weg zum Kanzler. Adenauers Griff nach der Macht. Düsseldorf, Wien 1972.

Freundschaft in schwerer Zeit. Die Briefe Konrad Adenauers an Dora Pferdmenges 1933–1949. Bearb. von Hans Peter Mensing und Ursula Raths. Bonn 2007.

Hagen, Reiner und Karl Ernst Moring: Adenauer. Das Buchmanuskript zur Fernseh-Biographie des Norddeutschen Rundfunks in sieben Teilen. München 1987.

Koch, Dorothea und Wolfgang: Konrad Adenauer. Der Katholik und sein Europa. Kißlegg 2018.

Landkreis Ahrweiler (Hrsg.): Kreis Ahrweiler unter dem Hakenkreuz. Studien zur Vergangenheit und Gegenwart. Band 2. Bad Neuenahr-Ahrweiler 1989.

Morsey, Rudolf: Adenauer und der Nationalsozialismus. In: Konrad Adenauer. Oberbürgermeister von Köln. Hrsg. von Hugo Stehkämper. Köln 1976, S. 447–497.

Morsey, Rudolf (Hrsg.): Zeitgeschichte in Lebensbildern. Aus dem deutschen Katholizismus des 20. Jahrhunderts. Band 2. Mainz 1975.

Severus, Emmanuel von: Im Schatten der Welt- und Kirchenpolitik. Aus den Erinnerungen des Abtes Ildefons Herwegen. In: Ecclesia Lacensis. Hrsg. von Emmanuel von Severus. Münster 1993, S. 403–435.

Silber-Bonz, Christoph: Pferdmenges und Adenauer. Der politische Einfluß des Kölner Bankiers. Bonn 1997.

Speck, Manfred: Rückhalt in schwerer Zeit. Konrad Adenauer und die Abtei Maria Laach. In: Cremer, Drutmar: Maria Laach. Ort der Begegnung. Maria Laach 2014, S. 132–141.

Speer, Albert: Spandauer Tagebücher. Frankfurt/M, Berlin, Wien 1975.

Tageskalender Konrad Adenauers auf der Internetseite www.konrad-adenauer.de.

Werhahn, Libet: Erinnerungen an meinen Vater Konrad Adenauer. Unter Mitarbeit von Catharina Aandernd. Neuss 2007.

Weymar, Paul: Konrad Adenauer. Die autorisierte Biografie. München 1955.

Personen

Aufgrund der häufigen Nennung im Text wurde Konrad Adenauer nicht in das Verzeichnis aufgenommen.

S

T

V

W

Z

Bildnachweis

Umschlagabbildung: Bildarchiv Stiftung Bundeskanzler-Adenauer-Haus (StBKAH)

S. 8: Thomas G. / Pixabay

S. 15: Benediktinerabtei Maria Laach, mit freundlicher Genehmigung

S. 20: Bildarchiv StBKAH

S. 24: Bildarchiv StBKAH

S. 28: Bildarchiv StBKAH

S. 34: Bundesarchiv, Bild 183–R24391 / Unknown author / CC-BY-SA 3.0

S. 42: Bildarchiv StBKAH

S. 50: Thomas B. / Pixabay

S. 54: Gregor Tamm/ Quelle: Bildarchiv StBKAH

S. 57: StBKAH / Carsten Sick

S. 59: © ullstein bild

S. 62: analogicus / Pixabay

Umschlagrückseite: Bildarchiv StBKAH

Inhalt